·本研究成果获得广东省哲学社会科学“十三五”规划项目“‘一带一路’背景下粤港澳大湾区技术创新协同路径与机制研究”（编号：GD18CTY01）、广州市哲学社会科学“十三五”规划课题“大湾区背景下廊带区域科技创新协同发展的时空过程和机制研究”（项目编号：2019GZGJ36）和华南师范大学对外交流粤港澳大湾区专项项目“跨境技术创新溢出网络演化研究”（2022-51）资助出版。

中经管理

粤港澳大湾区技术创新协同研究

The Collaborative Research on Technology Innovation in GBA

陈穗丽 / 著

中国经济出版社
CHINA ECONOMIC PUBLISHING HOUSE
北京

图书在版编目（CIP）数据

粤港澳大湾区技术创新协同研究 / 陈穗丽著．--北京：中国经济出版社，2022.11

ISBN 978-7-5136-6841-5

Ⅰ.①粤… Ⅱ.①陈… Ⅲ.①区域经济-技术革新-协调发展-研究-广东、香港、澳门 Ⅳ.①F127.6

中国版本图书馆 CIP 数据核字（2022）第 060341 号

责任编辑　张利影　宋庆万
责任印制　马小宾
封面设计　华子图文设计公司

出版发行　中国经济出版社
印 刷 者　河北宝昌佳彩印刷有限公司
经 销 者　各地新华书店
开　　本　710mm×1000mm　1/16
印　　张　12.5
字　　数　170 千字
版　　次　2022 年 11 月第 1 版
印　　次　2022 年 11 月第 1 次
定　　价　80.00 元
广告经营许可证　京西工商广字第 8179 号

中国经济出版社 **网址** www.economyph.com **社址** 北京市东城区安定门外大街 58 号 **邮编** 100011
本版图书如存在印装质量问题，请与本社销售中心联系调换（联系电话：010-57512564）

目　录

第一章 绪论

第一节 研究背景及意义

一、研究背景

（一）国家实施“一带一路”建设

“一带一路”是“丝绸之路经济带”和“21世纪海上丝绸之路”的简称。2013年9月和10月，习近平主席在出访中亚和东南亚国家期间，先后提出共建“丝绸之路经济带”和“21世纪海上丝绸之路”的倡议，受到国际社会高度关注。2015年3月，国家发展改革委、外交部、商务部联合发布了《推动共建丝绸之路经济带和21世纪海上丝绸之路的愿景与行动》[①]（以下简称《愿景与行动》）。2017年5月，习近平主席在“一带一路”国际合作高峰论坛开幕式上发表主旨演讲时强调，要将“一带一路”建成和平之路、繁荣之路、开放之路、创新之路、

① 国家发展改革委，外交部，商务部．推动共建丝绸之路经济带和21世纪海上丝绸之路的愿景与行动［EB/OL］．（2015－03－28）［2019－03－26］．http://www.qstheory.cn/2017－05/12/c_1120962775.htm.

文明之路。① 可见，科技创新将在“一带一路”建设过程中发挥重要作用。

《愿景与行动》对“一带一路”沿线省份和港澳台地区的作用和发展要求进行了明确定位。其中，在“沿海和港澳台地区”的定位中强调：要充分发挥深圳前海、广州南沙、珠海横琴、福建平潭等开放合作区作用，深化与港澳台合作，打造粤港澳大湾区；要以扩大开放倒逼深层次改革，创新开放型经济体制机制，加大科技创新力度，形成参与和引领国际合作竞争新优势，成为“一带一路”特别是“21 世纪海上丝绸之路”建设的排头兵和主力军；要发挥海外侨胞以及香港、澳门特别行政区（以下分别简称香港、澳门）独特优势作用，积极参与和助力“一带一路”建设；为台湾地区参与“一带一路”建设做出妥善安排。② 可见，“一带一路”倡议的实施，为粤港澳大湾区建设提供了千载难逢的发展机遇。

（二）国家推进粤港澳大湾区发展战略

2017 年 7 月，在习近平总书记的见证下，《深化粤港澳合作 推进大湾区建设框架协议》由国家发展改革委和粤港澳三地政府在香港签署，标志着粤港澳大湾区建设正式启动。③

2019 年 2 月，中共中央、国务院正式印发了《粤港澳大湾区发展规划纲要》（以下简称《规划纲要》）。《规划纲要》指出，建设粤港澳大湾区，既是新时代推动形成全面开放新格局的新尝试，也是推动

---

① 习近平在“一带一路”国际合作高峰论坛开幕式上发表主旨演讲［EB/OL］.（2017 - 05 - 14）［2019 - 03 - 26］. http://news.cnr.cn/zt2017/ydyl/kms/news/20170514/t20170514_523753819.shtml.

② 国家发展改革委，外交部，商务部．推动共建丝绸之路经济带和 21 世纪海上丝绸之路的愿景与行动［EB/OL］.（2015 - 03 - 28）［2019 - 03 - 26］. http://www.qstheory.cn/2017 - 05/12/c_1120962775.htm.

③ 习近平出席《深化粤港澳合作 推进大湾区建设框架协议》签署仪式［EB/OL］.（2017 - 07 - 01）［2019 - 03 - 26］. http://www.xinhuanet.com/2017 - 07/01/c_1121247167.htm.

“一国两制”事业发展的新实践；要充分发挥粤港澳综合优势，深化内地与港澳合作，进一步提升粤港澳大湾区在国家经济发展和对外开放中的支撑引领作用，支持香港、澳门融入国家发展大局，增进香港、澳门同胞福祉，保持香港、澳门长期繁荣稳定，让港澳同胞与祖国人民共担民族复兴的历史责任、共享祖国繁荣富强的伟大荣光；要深入实施创新驱动发展战略，深化粤港澳创新合作，构建开放型融合发展的区域协同创新共同体，集聚国际创新资源，优化创新制度和政策环境，着力提升科技成果转化能力，建设全球科技创新高地和新兴产业重要策源地，建设国际科技创新中心，着力培育发展新产业、新业态、新模式，支持传统产业改造升级。粤港澳大湾区将被打造成“一带一路”建设的重要支撑区。① 可见，科技创新和技术创新是粤港澳大湾区建设的重中之重，将大有可为。

二、研究意义

（一）战略导向意义

本书围绕国家“一带一路”倡议和粤港澳大湾区发展热点问题，立足区域地位和发展需要，以国家知识产权数据库中粤港澳大湾区城市间合作申请的发明专利信息为依据，分析粤港澳大湾区技术创新协同发展现状、路径和机制，对发挥区域优势、激发区域发展潜力、提升技术创新协同和可持续发展能力具有导向作用。

（二）理论指导意义

本书运用协同理论、可持续发展理论和“一国两制”理论的基本

① 中共中央 国务院．粤港澳大湾区发展规划纲要［EB/OL］．（2019－02－18）［2019－03－06］．http://www.locpg.gov.cn/jsdt/2019－02/18/c_1210062255.htm.

原理，分析粤港澳大湾区技术创新协同体系的发展现状和趋势，结合区域创新系统协同发展在地方社会经济发展中的发展趋势和客观规律，探索技术创新协同的路径、动因及其运行机制，为建设粤港澳大湾区技术创新体系、提升技术创新能力、深化区域技术创新合作、推进区域经济协同和可持续发展提供理论依据。

（三）实践参考意义

本书研究粤港澳大湾区技术创新体系协同发展的现状、路径和机制，探讨协同创新与区域发展的空间战略关系，为技术创新协同研究提供研究案例和参考。

第二节 相关概念界定

一、粤港澳大湾区

粤港澳大湾区（Guangdong-Hong Kong-Macao Greater Bay Area，GBA）包括香港、澳门两个特别行政区和广东省广州市、深圳市、珠海市、佛山市、惠州市、东莞市、中山市、江门市、肇庆市（以下简称“珠三角九市”），总面积5.6万平方千米，2017年末总人口约7000万人。这里是我国开放程度最高、经济活力最强的区域之一，在国家发展大局中具有重要战略地位，具有区位优势明显、经济实力雄厚、国际化水平领先、合作基础良好等发展特征。①

① 中共中央，国务院．粤港澳大湾区发展规划纲要［EB/OL］.（2019-02-18）［2019-03-06］. http://www.locpg.gov.cn/jsdt/2019-02/18/c_1210062255.htm.

二、创新与技术创新

美籍奥地利政治经济学家约瑟夫·熊彼特（Joseph Alois Schumpeter）在 1912 年发表的《经济发展理论》中指出，创新是指把一种从来没有过的关于生产要素的“新组合”引入生产体系。这种新的组合包括：①引进新产品；②引用新技术，采用一种新的生产方法；③开辟新的市场（以前不曾进入）；④控制原材料新的来源，不管这种来源是否已经存在，还是第一次创造出来；⑤实现任何一种工业新组织，如生成一种垄断地位或打破一种垄断地位。因此，创新是指以现有的知识和物质，在特定的环境中改进或创造新的事物，并能获得一定有益效果的行为。① 技术创新是科技创新的一种表现方式。

技术创新（technology innovation）是以创造新技术为目的，或以科学技术知识及其创造的资源为基础的创新，是一个从产生新产品或新工艺的设想到市场应用的完整过程。它包括新设想从产生、研究、开发、商业化生产到扩散的一系列活动，本质上是一个科技、经济一体化过程，是技术进步与应用创新共同作用下的产物。它包括技术开发和技术应用两大环节和独立创新、合作创新、引进再创新三种模式。② 英国苏塞克斯大学科学政策研究所（Science Policy Research Unit，SPRU）将技术创新划分为四种类型。①渐进性技术创新：渐进性的、连续的小创新。②根本性技术创新：开拓全新领域、有重大技术突破的创新。③技术系统的变革：这类创新将产生具有深远意义的变革，通常出现技术上有关联的创新群。④技术—经济范式的变更：这类创新不仅包含很多根

① 李义平．创新与经济发展：重读熊彼特的《经济发展理论》［EB/OL］．（2013－01－29）［2019－03－06］．http://theory.people.com.cn/n/2013/0129/c40531－20362868.html.

② 陆雄文．管理学大辞典［M］．上海：上海辞书出版社，2013：312－313.

本性的创新群，也包含很多技术系统变更。

三、协同和协同理论

1971 年，德国科学家赫尔曼·哈肯（Hermann Haken）提出了统一的系统协同学思想，认为自然界和人类社会的各种事物普遍存在有序、无序的现象；在一定的条件下，有序与无序之间会相互转化；无序就是混沌，有序就是协同，这是一个普遍规律。协同现象在宇宙间一切领域中普遍存在，没有协同人类就不能生存，生产就不能发展，社会就不能前进。

协同理论（synergetics/synergy theory）亦称“协同学”或“协和学”，是 20 世纪 70 年代以来在多学科研究基础上逐渐形成和发展起来的一门新兴学科，是系统科学的重要分支理论。协同理论认为，千差万别的系统尽管属性不同，但在整个环境中，各个系统间存在着相互影响又相互合作的关系。其中也包括通常的社会现象，如不同单位间的相互配合与协作、部门间关系的协调、企业间的相互竞争，以及系统中的相互干扰和制约等。

协同效应（synergy effects），简单地说，就是“1 + 1 > 2”的效应。协同效应可分为外部和内部两种情况。外部协同效应是指一个集群中的企业由于相互协作共享业务行为和特定资源，因而将此作为一个单独运作的企业取得更高盈利的能力。内部协同效应则是指企业生产、营销、管理的不同环节、不同阶段、不同方面共同利用同一资源产生的整体效应。①

① 朱志刚．协同理论简介［J］．系统工程，1990（3）：72.

第三节　研究设计

一、研究范围和对象

根据《规划纲要》，本书主要以“珠三角九市”等9个城市为研究区域。

合作申请专利是探讨知识共享和创新合作最直接、最有效的方式，合作专利计量信息可以很好地表征科技创新合作情况，在科学研究中可以反映网络中相关节点基于创新活动进行合作的程度。① 发明专利因具备新颖性、创造性和实用性，更能体现技术创新水平。② 本书以粤港澳大湾区城市之间合作申请发明专利信息作为具体研究对象，即在无特殊说明的情况下，本书中所提到的专利均指国家发明专利。如果专利申请人同时包含不少于两个城市的不同单位，则认为这些城市间建立了技术创新协同关系。

二、数据来源和处理

专利信息数据来源于国家知识产权局专利检索及分析网站数据库。2019年1月1日，在该网站的专利检索项“地址”中分别输入粤港澳大湾区11个城市进行检索，可得到有关专利信息数据并建立原始信息

---

① 王秋玉，曾刚，吕国庆．中国装备制造业产学研合作创新网络初探［J］．地理学报，2016（2）：251－264.

② 李文辉，王婷，黄艳，等．基于专利计量的广东高水平大学技术创新能力评价研究［J］．科技与经济，2017，30（4）：31－35.

数据库。对原始信息数据库进行人工筛选，剔除系统无法自动识别的部分，以其“地址”归属进行统计。

基于数据库“申请人”一项再进行筛选。根据《中华人民共和国专利法》，两个及以上单位合作完成的发明创造，专利的权利属于共同完成的单位。① 因此，当“申请人”单位分布在粤港澳大湾区两个或以上城市时，则认定为技术创新协同关系产生。对“申请人”包含分布在粤港澳大湾区之外单位的专利，只提取粤港澳大湾区城市的专利信息。本书中，“申请日”截至2017年12月31日，按自然年份分阶段进行分类汇总，形成可用于研究分析的有效信息。最早开展合作申请专利的时间是1992年，广州的中山大学与肇庆市味精厂于该年合作申请专利1项。

如果“申请人”单位所在粤港澳大湾区城市超过两个，该项专利另重复计算，例如“申请人”为“华南农业大学、东莞畜牧科学研究所、生物源生物技术（深圳）有限公司”，则“华南农业大学、东莞畜牧科学研究所”“东莞畜牧科学研究所、生物源生物技术（深圳）有限公司”“华南农业大学、生物源生物技术（深圳）有限公司”分别各计1项专利。

本书中的其他相关数据来源：①“珠三角九市”每年公布的《国民经济和社会发展统计公报》。②“珠三角九市”每年公布的《政府工作报告》。③历年《广东统计年鉴》和“珠三角九市”的《统计年鉴》。④“香港创新活动统计”、《香港统计年刊》、《澳门资料》等。

---

① 全国人大常委会. 中华人民共和国专利法［EB/OL］.（2008-12-28）［2019-07-15］. http://www.gov.cn/flfg/2008-12/28/content_1189755.htm.

三、指标选取和分析方法

借助SPSS统计分析软件、Excel统计分析工具等进行研究分析。

(1) 协同时序特征分析。根据每年合作申请专利数据，分析粤港澳大湾区城市间技术创新协同时序发展特征。

(2) 协同区域特征分析。根据各城市间合作申请专利数量，分析粤港澳大湾区城市间技术创新协同区域发展特征。

(3) 协同技术领域特征分析。按照国家公布的《国际专利分类表(2018版)》中与8个学部对应的技术领域分类标准和分类号，将发明专利划分为21个具体的技术领域。① 根据各城市间合作申请专利技术领域，分析粤港澳大湾区城市间技术创新协同优势技术领域发展特征。

其中："农业""食品；烟草""个人或家用物品""保健；救生；娱乐"归属于A部类（人类生活必需）。"分离；混合""成型""印刷""交通运输""微观结构技术；纳米技术"归属于B部类（作业；运输）。"化学""冶金""组合技术"归属于C部类（化学、冶金）。"纺织或未列入其他类的柔性材料""造纸"归属于D部类（纺织、造纸）。"建筑""土层或岩石的钻进；采矿"归属于E部类（固定建筑物）。"发动机或泵""照明；加热"归属于F部类（机械工程；照明；加热；武器；爆破）。"仪器""核子学"归属于G部类（物理）。"电学"归属于H部类（电学）。

(4) 协同主体特征分析。协同主体是指专利的"申请人"，包括高校、科研机构、国有企业、民营企业、高新技术企业、中外合资企业、外资企业、个人、其他社会组织等。本书依据合作申请专利"申请人"

---

① 国际专利分类表（2018版）［EB/OL］.（2008-03-05）［2019-04-12］. http://www.sipo.gov.cn/wxfw/zlwxxxggfw/zsyd/bzyfl/flgj_gjzlfl/1120508.htm.

信息，分析粤港澳大湾区城市间技术创新协同主体发展特征。

（5）协同有效专利特征分析。有效专利是指专利申请被授权后，仍处于有效状态的专利。专利的有效状况，特别是发明专利的有效状况，是衡量企业、地区、国家自主创新能力以及市场竞争力的重要指标。① 而维持时间长的专利，通常是技术创新价值和经济价值较高的专利，即所谓的“核心专利”。② 本书中，申请当年的专利维持年限默认为1 年。以此类推，依据合作申请专利维持情况，分析粤港澳大湾区城市间技术创新协同有效专利发展特征。

（6）协同专利技术转移特征分析。技术转移是指技术持有者通过各种方式将拥有的技术以及相关的权利转移给他人的行为，是科学技术转化为生产力的核心途径。③ 本书中的技术转移是指专利申请权转让、专利权转让和专利许可实施。依据合作申请专利技术转移情况，分析粤港澳大湾区城市间技术创新协同专利技术转移发展特征。

（7）研究结果回归分析。借助 SPSS 统计分析软件，选取国内生产总值（GDP）（香港为本地生产总值④）、申请国家发明专利数量、研究与试验发展（R&D）经费投入数量、研究与试验发展（R&D）人员投入数量、邮电业务总量（香港为使用互联网数量）、高新技术企业数（香港为高科技产品出口额）、与各城市交通距离 7 项指标，对每年合作申请专利数进行回归分析，探讨经济发展水平、技术创新发展水平、经费投入水平、人力投入水平、信息流通水平、高新技术发展水平和地

---

① 李文辉，王婷，黄艳，等．基于专利计量的广东高水平大学技术创新能力评价研究［J］．科技与经济，2017，30（4）：31－35.

② 李文辉，贺浪萍，林卓玲．从国内专利角度分析华南师范大学的技术创新能力［J］．华南师范大学学报（自然科学版），2011（2）：138－142.

③ 刘承良，管明明．基于专利转移网络视角的长三角城市群城际技术流动的时空演化［J］．地理研究，2018，37（5）：981－994.

④ 按照数据一致性和来源可得性要求，香港的个别指标采用统计性质相近的数据；按照样本量要求，因澳门与粤港澳大湾区其他城市合作申请专利数量较小，本书中未做相关性回归分析。

理距离对粤港澳大湾区技术创新协同的影响。①

第四节　小结

技术创新协同是粤港澳大湾区建成世界级城市群、国际科技创新中心的本质特征。

对要打造全球科技创新高地的定位而言，粤港澳大湾区已形成了结构完整、布局超前和研发实力雄厚的产业技术集聚优势。因此，利用代表技术知识的专利计量分析，提升协同技术创新的“密度”和“浓度”②，推动技术创新跨境协同，意义尤其重大。

① 段德忠，杜德斌，谌颖，等．中国城市创新技术转移格局与影响因素［J］．地理学报，2018，73（4）：738－754.

② 周其仁谈“粤港澳”大湾区：创新要有“密度”和“浓度”［EB/OL］．（2017－06－22）［2019－07－16］．http://www.sohu.com/a/151075931_114986.

第二章　广州与粤港澳大湾区技术创新协同研究

第一节　广州及其技术创新发展概况

一、广州区位及其优势

广州，简称“穗”，别称羊城、花城，是广东省省会、副省级市、国家中心城市。截至 2018 年，常住人口 1490.44 万人，城镇化率为 86.38%。[①] 广州地处中国南部，濒临南海、珠江三角洲北缘，是国家综合性门户城市，是中国通往世界的南大门，是粤港澳大湾区、泛珠江三角洲经济区的中心城市以及“一带一路”的枢纽城市。[②] 2018 年，广州被全球权威机构 GaWC 评为世界一线城市。“毗邻港澳，华侨众多”，广州是全国最大的侨乡都市，有海外华侨华人、港澳同胞和归侨、侨港澳眷属近 400 万人，分布在世界 130 多个国家和地区。[③]

---

① 广州市统计局．广州市 2018 年国民经济和社会发展统计公报［EB/OL］.（2019－04－06）［2019－08－12］. http://www.tjcn.org/tjgb/19gd/35890.html.

② 曾妮．“一带一路”路线图：广州枢纽地位凸显［EB/OL］.（2015－04－03）［2019－08－12］. http://gd.people.com.cn/n/2015/0403/c123932－24374436.html.

③ 港澳台侨［EB/OL］.（2019－04－24）［2019－08－12］. http://www.gz.gov.cn/gzgov/s2773/common_tts.shtml.

2018 年，广州在中国城市科技创新发展指数排名中位列第四。① 广州是“中国制造 2025”试点示范城市，已形成汽车、石油化工、电子、电力热力生产供应、电气机械及器材制造、批发零售、金融、房地产、租赁和商务服务、交通运输 10 个千亿级产业集群。② 先进制造业增加值占规模以上制造业增加值的比重为 65.6%。广州正大力实施 IAB 计划（新一代信息技术、人工智能、生物医药）和 NEM 计划（新能源、新材料），打造若干个千亿级产业集群，打造国际科技产业创新中心。③

二、广州专利技术创新发展特征

广州是珠三角国家自主创新示范区的龙头城市，硬科技发展指数居全国前三位④；国家高新技术企业有 8700 多家，总量居全国前三位；集结了广东省 80% 的高校、70% 的科技人员和 95% 的博士，在校大学生总量居全国第一。⑤ 根据英国自然出版集团出版的《2018 自然指数—科研城市》，广州位列全球科研城市 50 强，排名第 25 位。⑥

图 2－1 反映了 2000—2017 年广州申请国家发明专利变化特征。2000—2017 年，广州在国家知识产权局共申请发明专利 161665 项，申

① 王明月．《中国城市科技创新发展报告 2018》发布　北京科创发展水平居首［EB/OL］．（2018－12－08）［2019－08－12］．http://finance.cnr.cn/gundong/20181208/t20181208_524443945.shtml.

② 罗艾桦．广州建成 10 个千亿级产业集群［EB/OL］．（2017－01－08）［2019－08－12］．http://finance.people.com.cn/n1/2017/0108/c1004－29006288.html.

③ 广州：实施创新驱动发展战略　打造国际科技产业创新中心［EB/OL］．（2018－01－23）［2019－08－12］．http://finance.ifeng.com/a/20180123/15943477_0.shtml.

④ 沈慧．2017 城市硬科技发展指数报告　广州居全国第三［EB/OL］．（2017－11－13）［2019－08－12］．http://tech.southcn.com/t/2017－11/13/content_178794797.htm.

⑤ 吴海飞．2017 年广州新增高新技术企业 4000 家，居全国第二［EB/OL］．（2018－01－11）［2019－08－12］．http://money.ycwb.com/2018－01/11/content_25880409.htm?from=groupmessage.

⑥ 中国 10 座城市入选自然指数全球科研城市 50 强［EB/OL］．（2018－11－02）［2019－06－12］．http://www.xinhuanet.com/2018－11/02/c_1123651710.htm.

请项数呈逐年增长趋势，趋势线拟合指数 R^2 为 0.7354，年均申请项数为 8981.39 项，年均增长率为 30.70%。

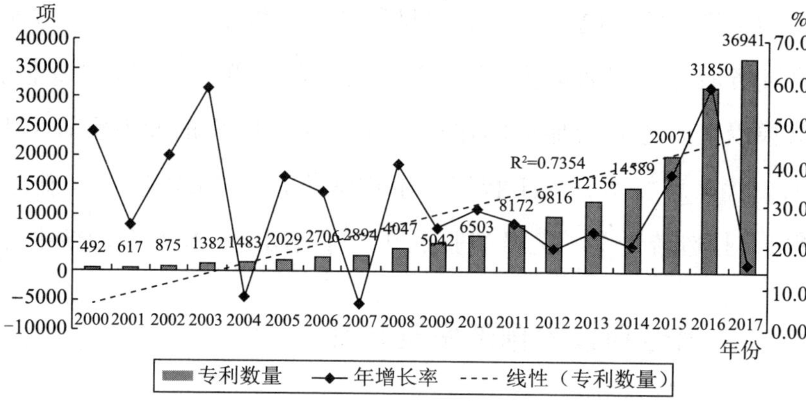

图 2－1　2000—2017 年广州申请国家发明专利变化特征

三、广州在粤港澳大湾区的技术创新发展定位

根据《规划纲要》，广州是粤港澳大湾区区域发展核心引擎的四大中心城市之一。广州在粤港澳大湾区的总体定位是：充分发挥国家中心城市和综合性门户城市引领作用，全面增强国际商贸中心、综合交通枢纽功能，培育提升科技教育文化中心功能，着力建设国际大都市。在"建设国际科技创新中心"方面，广州位于"广州—深圳—香港—澳门"科技创新走廊之中，国家鼓励深入实施创新驱动发展战略，深化粤港澳创新合作，构建开放型融合发展的区域协同创新共同体，集聚国际创新资源，优化创新制度和政策环境，着力提升科技成果转化能力，建设全球科技创新高地和新兴产业重要策源地。在"构建具有国际竞争力的现代产业体系"方面，广州等中心城市应依托科研资源优势和高新技术产业基础，充分发挥国家级新区、国家自主创新示范区、国家高新区等高端要素集聚平台作用，联合打造一批产业链条完善、辐射带

动力强、具有国际竞争力的战略性新兴产业集群，增强经济发展新动能；发挥创新研发能力强、运营总部密集的优势，加强大湾区产业对接，提高协作发展水平。①

广州积极搭建各类合作平台，推动南沙粤港澳全面合作示范区和中新广州知识城等重大平台建设，推动穗港澳合作，深化医疗、高等教育、科技创新等领域政策对接，促进穗港澳现代服务业企业深度合作；广州南沙引进香港科技大学、中山大学附属第一医院等优质教育医疗资源，正加快建设大湾区教育医疗高地，将充分发挥国家级新区和自贸试验区优势，加强与港澳全面合作，加快建设大湾区国际航运、金融和科技创新功能的承载区，成为高水平对外开放门户。②

第二节 广州与粤港澳大湾区技术创新协同

一、协同时序特征分析

根据国家知识产权局专利检索结果，广州从 1992 年开始与粤港澳大湾区其他城市合作申请专利，这也是粤港澳大湾区合作申请专利最早的年份。直到 1999 年，广州与粤港澳大湾区其他城市才形成了每年连续不断的技术创新协同关系。1992—2017 年，根据有效原始数据信息，按照“申请日”统计，广州与粤港澳大湾区其他城市合作申请专利共

① 中共中央，国务院．粤港澳大湾区发展规划纲要［EB/OL］．（2019－02－18）［2019－03－06］．http://www.locpg.gov.cn/jsdt/2019－02/18/c_1210062255.htm.

② 粤港澳大湾区——广州［EB/OL］．（2019－05－16）［2019－10－06］．http://www.cnbayarea.org.cn/city/index.html.

2126 项，占申请专利总数 161665 项的 1.32%，在大湾区 11 个城市的技术创新协同中发挥着重要作用。

图 2－2 反映了 2000—2017 年广州与粤港澳大湾区其他城市合作申请专利变化特征。

（1）从 1999 年开始，广州与粤港澳大湾区其他城市申请专利数在波动中呈增长趋势，趋势线拟合指数 R^2 为 0.7480，年均合作项数为 111.80 项，年均增长幅度为 58.28%。

（2）在 2016 年迎来了一个快速增长期，达到了 460 项，2017 年达到了 471 项，这两年合作总量占统计总量 2126 项的 43.79%。

（3）从 2008 年开始，合作申请专利数量一直稳定上升，且从 2010 年开始，合作专利数量每年会有一次较大幅度的上升，且跃升幅度越来越大。这可能与新阶段的发展理念和经济发展方式的转变有关。2008 年，国家正式实施《珠江三角洲地区改革发展规划纲要》，提出要构建开放型的区域创新体系，推进珠三角地区经济一体化进程，也带动了内地与香港、澳门的技术创新合作。

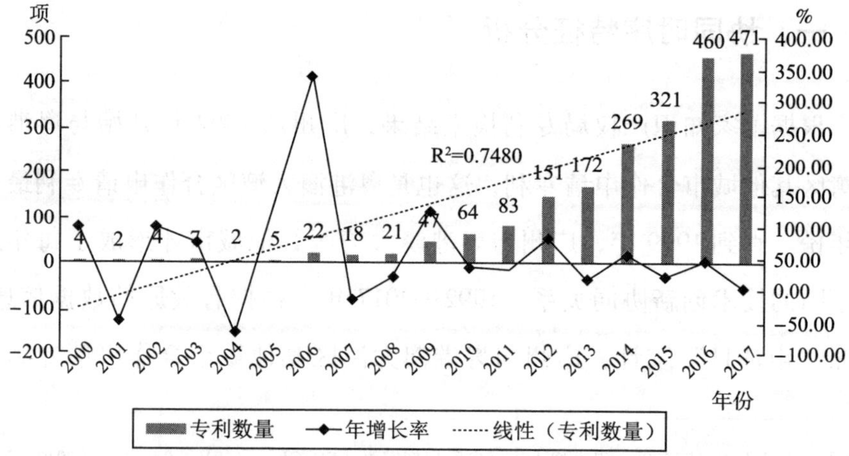

图 2－2　2000—2017 年广州与粤港澳大湾区其他城市合作申请专利变化特征

二、协同区域特征分析

表2－1反映了广州与粤港澳大湾区其他城市合作申请专利区域分布特征。

（1）广州与粤港澳大湾区其他城市均建立了技术创新协同关系，合作申请专利平均项数为212.60项。

（2）广州与深圳合作申请专利数为1123项，以绝对数量优势占合作申请总数2126项的52.82%；与东莞的合作申请专利数是373项，占比17.54%；与佛山的合作申请专利数是199项，占比9.36%；与珠海的合作申请专利数为120项，占比5.64%。

（3）广州与中山、惠州、江门、香港、肇庆、澳门等城市合作申请专利数均少于100项，共311项，占比14.63%。

表2－1　广州与粤港澳大湾区其他城市合作申请专利区域分布特征

项目	深圳	东莞	佛山	珠海	肇庆	惠州	江门	中山	香港	澳门	合计
项数/项	1123	373	199	120	92	72	59	49	20	19	2126
占比/%	52.82	17.54	9.36	5.64	4.33	3.39	2.78	2.30	0.94	0.89	100.00

分析发现，2016年和2017年广州与深圳的合作专利数共502项，占两地与粤港澳大湾区其他城市合作申请专利1123项的44.70%。其中，广州兴森快捷电路科技有限公司、华南师范大学在促进广州与深圳之间的联系上发挥了重要的作用。两年来，分别参与合作申请了127项和108项专利，分别占两地合作申请专利数的11.30%和9.62%。从与其他城市的技术创新协同合作上看，广州与深圳、东莞的技术创新协同合作关系最为紧密，这3个城市组成了广深科技创新走廊。早在2013年，广州与深圳就签署了两市战略合作框架协议；2017年，广州与东莞签订了深化战略合作框架协议。这些举措在一定程度上推动了广州与

深圳、东莞之间的技术创新协同发展，使广深科技创新走廊更好地支撑国家科技产业创新中心和粤港澳大湾区建设。

三、协同技术领域特征分析

表2-2反映了广州与粤港澳大湾区其他城市合作申请专利技术领域分布特征。

表2-2 广州与粤港澳大湾区其他城市合作申请专利技术领域分布特征

分类号（部）	技术领域	项数/项	占比/%
A部：人类生活必需	农业	47	2.21
	食品；烟草	146	6.87
	个人或家用物品	7	0.33
	保健；救生；娱乐	111	5.22
B部：作业；运输	分离；混合	57	2.68
	成型	102	4.80
	印刷	10	0.47
	交通运输	46	2.16
C部：化学；冶金	化学	512	24.08
	冶金	40	1.88
	组合技术	1	0.05
D部：纺织；造纸	纺织或未列入其他类的柔性材料	11	0.52
	造纸	1	0.05
E部：固定建筑物	建筑	44	2.07
F部：机械工程；照明；加热；武器；爆破	发动机或泵	13	0.61
	照明；加热	43	2.02
G部：物理	仪器	640	30.10
H部：电学	电学	295	13.88
合计		2126	100.00

（1）广州与粤港澳大湾区其他城市合作申请专利分布在 8 个学部的 18 个技术领域。

（2）“仪器”合作申请专利为 640 项，占合作申请专利总数 2126 项的 30.10%；“化学”为 512 项，占比 24.08%。二者均为绝对优势技术领域。

（3）“电学”295 项，占比 13.88%，为优势技术领域。

（4）“食品；烟草”“保健；救生；娱乐”和“成型”分别合作申请了 146 项、111 项和 102 项，分别占比 6.87%、5.22% 和 4.80%，为相对优势技术领域。

（5）其他技术领域共合作申请专利 320 项，占比 15.05%，为弱势技术领域。

（6）分析认为，《珠江三角洲地区改革发展规划纲要》提出要构建现代产业体系，在一定程度上促进了“仪器”“电学”“化学”等先进制造业和高技术产业的发展。从科技创新走廊角度来看，广州作为“中国制造 2025”试点示范城市①，在粤港澳大湾区建设全球科技创新高地和新兴产业重要策源地进程中，发挥着重要的技术创新协同作用。

四、协同主体特征分析

表 2－3 反映了广州与粤港澳大湾区其他城市协同主体合作申请专利数量特征。

（1）从广州的协同主体数来看，高新技术企业协同主体数为 125 个，占协同主体总数 295 个的 42.37%，科研机构、民营企业和国有企业的协同主体数分别为 47 个、46 个和 43 个，分别占比 15.93%、

① 许可，陈思勤．全国首个！广州获批创建“中国制造 2025”试点示范城市［EB/OL］.（2017－08－03）［2019－09－06］. http://static.nfapp.southcn.com/content/201708/03/c587734.html.

15.59%和14.58%。这四种类型主体在广州的技术协同创新中发挥着重要作用。

（2）从广州的协同主体合作申请专利数来看，排前3位的分别是高校800项、高新技术企业668项和民营企业255项，分别占合作申请专利总数2126项的37.63%、31.42%和12.00%。可见，高校、高新技术企业和民营企业在广州与粤港澳大湾区其他城市技术创新协同中发挥着主导作用。

（3）从广州的平均合作申请专利数来看，每个协同主体平均合作申请专利数为7.21项。排前3位的分别是高校36.36项、民营企业5.54项和高新技术企业5.34项。这说明广州高校、民营企业和高新技术企业与粤港澳大湾区其他城市技术创新协同强度较大。

（4）从其他城市的协同主体数来看，排前3位的分别是高新技术企业257个、民营企业77个和国有企业51个，分别占总协同主体数量466个的55.15%、16.52%和10.94%。

（5）从其他城市的协同主体合作申请专利数来看，排前3位的分别是高新技术企业1231项、科研机构346项和民营企业187项，分别占合作申请专利总数2126项的57.90%、16.27%和8.80%。可见，高新技术企业、科研机构、民营企业是粤港澳大湾区其他城市与广州开展技术创新协同的主导力量。

（6）从其他城市的平均合作申请专利数来看，每个协同主体平均合作申请专利数为4.56项。排前3位的分别是科研机构9.89项、高校5.33项、高新技术企业4.79项。这说明粤港澳大湾区其他城市的科研机构、高校和高新技术企业与广州的技术创新协同强度较大。

表 2-3 广州与粤港澳大湾区其他城市协同主体合作申请专利数量特征

类别		高校	科研机构	国有企业	民营企业	高新技术企业	中外合资企业	外资企业	个人及其他社会组织	小计
广州	协同主体数/个	22	47	43	46	125	4	6	2	295
	合作专利数/项	800	224	154	255	668	7	11	7	2126
	平均专利数/项	36.36	4.77	3.58	5.54	5.34	1.75	1.83	3.50	7.21
其他城市	协同主体数/个	24	35	51	77	257	6	15	1	466
	合作专利数/项	128	346	140	187	1231	25	68	1	2126
	平均专利数/项	5.33	9.89	2.75	2.43	4.79	4.17	4.53	1.00	4.56

图 2-3 反映了 1999—2017 年广州各协同主体合作申请专利变化特征。由图 2-3 可知，各类主体合作申请专利数量总体上呈增长趋势。其中，高校和高新技术企业呈现出领先发展的态势。分析发现，2014 年和 2016 年高新技术企业的合作申请专利数量大幅增加。广州兴森快捷电路科技有限公司的贡献最为明显，在对技术创新和科技研发积累的基础上，专利数量和质量显著提升，使其成为国内首家，也是唯一进入行业百强企业的专注快件样板制造商。有具体数据显示，广州兴森快捷

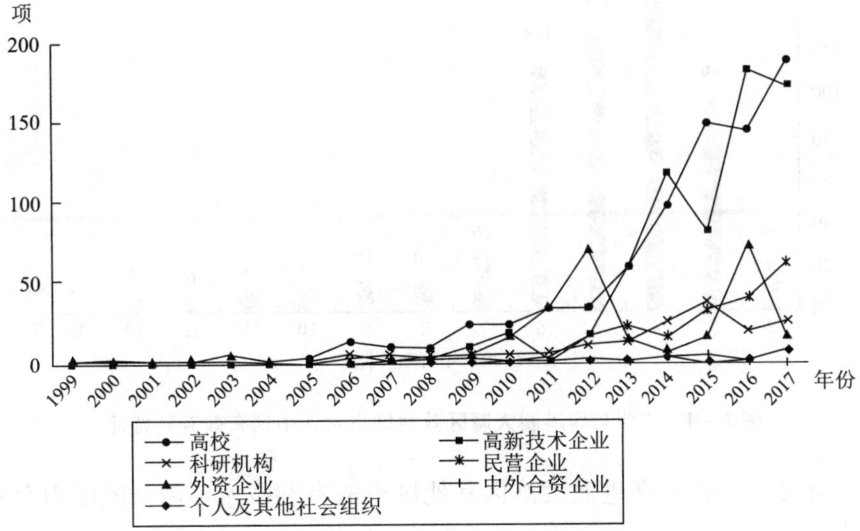

图 2-3 1999—2017 年广州各协同主体合作申请专利变化特征

电路科技有限公司和深圳市兴森快捷电路科技股份有限公司在2016年共合作申请专利数80项，大大加强了广州和深圳的协同技术创新合作。因此，高新技术企业的增长对推动广深科技创新走廊，乃至整个粤港澳大湾区协同技术创新起着重要作用。

五、协同有效专利特征分析

图2-4反映了广州与粤港澳大湾区其他城市合作申请有效专利特征。

（1）1999—2017年广州与粤港澳大湾区其他城市合作申请专利中，共有620项有效专利，占合作申请专利总数2126项的29.16%。

（2）有效年限在10年及以上的专利有36项，占有效专利总数的5.81%；有效年限在5~9年的专利有308项，占比49.68%；其余44.52%的专利有效年限均在5年以下。

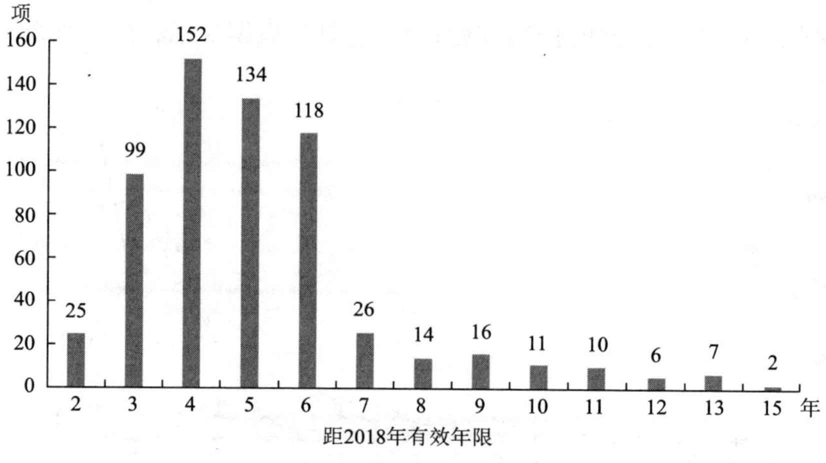

图2-4　广州与粤港澳大湾区其他城市合作申请有效专利特征

可见，广州与粤港澳大湾区其他城市的专利技术创新协同能力存在技术创新核心价值有待提高的问题，从数量速度型向质量效益型转变仍存在较大的发展空间。

六、协同专利技术转移特征分析

图 2－5 反映了广州与粤港澳大湾区其他城市专利技术转移特征。

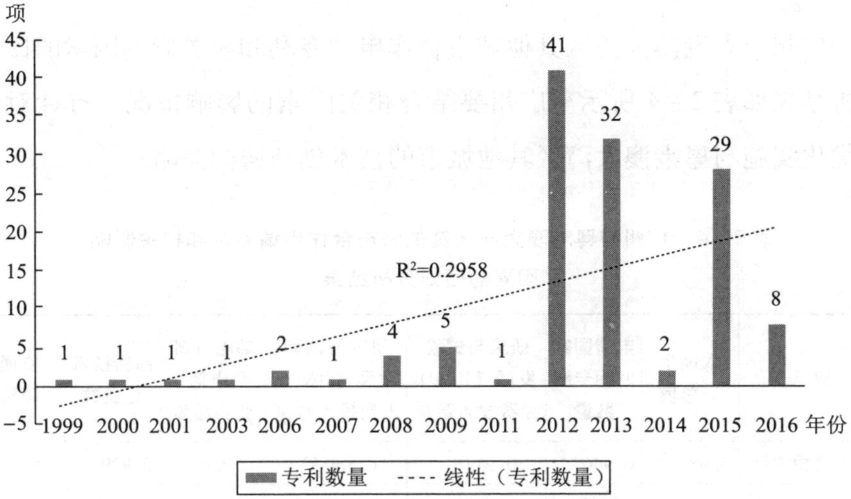

图 2－5 广州与粤港澳大湾区其他城市专利技术转移特征

（1）广州与粤港澳大湾区其他城市合作申请专利中，共有 128 项专利实现了技术转移，仅占合作申请专利总数 2126 项的 6.02%，与相关研究结果（约 10.00%）相比，科技成果转化率较低。①

（2）各年份合作专利技术转移数量的变化趋势与合作申请专利总数变化趋势基本一致，趋势线拟合指数 R^2 为 0.2958。这说明需进一步给予专利技术转移以足够的重视，作为国家经济活力最强的区域，广州及粤港澳大湾区的专利技术转移仍具有较大的发展潜力。

① 文剑英．科技成果转化的理性思考［J］．科研管理，2019，40（5）：175－181.

第三节　优化广州与粤港澳大湾区技术创新协同的策略

广州与粤港澳大湾区其他城市合作申请专利和相关影响因素的回归分析结果如表 2－4 所示。广州要结合相关因素的影响情况，有针对性地优化实施与粤港澳大湾区其他城市的技术创新协同策略。

表 2－4　广州与粤港澳大湾区其他城市合作申请专利和相关影响因素的回归分析结果

指标	本地生产总值	申请国家发明专利数量	研究与试验发展（R&D）经费投入数量	研究与试验发展（R&D）人员投入数量	邮电（邮政电信）业务总量	高新技术企业数	交通距离
皮尔逊相关性	0.983**	0.946**	0.945**	0.860**	0.986**	0.929**	0.311
显著性（双尾）	0.000	0.000	0.000	0.000	0.000	0.000	0.279

注：** 表示在 0.01 级别（双尾）相关性显著。

一、提升经济发展对技术创新协同的促进效应

表 2－4 结果显示，广州与粤港澳大湾区其他城市合作申请专利和本地生产总值之间的皮尔逊相关性指数为 0.983，显著性（双尾）检验值为 0.000，相关系数显著性水平在 0.01 以下，说明技术创新协同水平与经济发展水平之间存在显著的正向相关性；同研究与试验发展（R&D）经费投入数量的皮尔逊相关性指数为 0.945，显著性（双尾）检验值为 0.000，相关系数显著性水平在 0.01 以下，说明技术创新协同水平与 R&D 经费投入水平之间存在显著的正向相关性。广州经济发展水平位于全国前列，人均住户存款居全国前 3 位，人均可支配收入居广

东全省第1位。[①] 但R&D投入强度偏低，从2017年的情况来看，广州市R&D投入强度为2.50%，远低于北京5.64%和上海4.00%的水平。[②] 因此，一方面，广州要发挥经济发展水平优势，增强R&D经费投入水平；另一方面，也要继续提升经济发展对技术创新协同的促进效应，提高技术创新协同的投入产出效率。

二、促进创新技术发展和提高储备水平

表2-4结果显示，广州与粤港澳大湾区其他城市合作申请专利和申请国家发明专利数量之间的皮尔逊相关性指数为0.946，显著性（双尾）检验值为0.000，相关系数显著性水平在0.01以下，说明技术创新协同水平与技术创新发展水平之间存在显著的正向相关性。从申请发明专利、实用新型专利和外观设计专利体现的技术水平来看，广州2017年共申请三类专利118332项，低于北京185928项、上海131740项的水平；从最能体现创新技术含量的发明专利技术创新发展水平来看，广州共申请36941项，也远低于北京99167项、上海54630项的水平。[③] 因此，一方面，广州要通过制定专利激励措施，调动各创新主体申请专利，特别是与粤港澳大湾区其他城市合作申请专利的积极性，构建更加紧密的技术创新协同网络；另一方面，广州也要积极借鉴北京、上海和江苏等省份有效的知识产权管理办法，例如上海于2018年9月修订了《上海市专利资助办法》，提高了专利资助力度，并将实施《上海市知识产权试点示范园区评定与管理办法》，以支撑上海具有全球影

① 广州［EB/OL］.（2019-08-16）［2019-09-02］. https：//baike. baidu. com/item/%E5%B9%BF%E5%B7%9E/72101？fr = aladdin#reference-［15］-10628575-wrap.

②③ 国家统计局社会科技和文化产业统计司，科学技术部创新发展司．中国科技统计年鉴（2018）［M］. 北京：中国统计出版社，2018：8-28.

响力的科技创新中心建设。①

三、提高技术创新主体的人力投入和产出效率

表2－4结果显示，广州与粤港澳大湾区其他城市合作申请专利和研究与试验发展（R&D）人员投入数量之间的皮尔逊相关性指数为0.860，显著性（双尾）检验值为0.000，相关系数显著性水平在0.01以下，说明技术创新协同水平与R&D人力投入水平之间存在显著的正向相关性。2017年，广州拥有专业技术人才158.40万人②，集结了全省80%的高校、70%的科技人员和95%的博士，在校大学生总量居全国第1位③，具备了丰富的创新人力投入资源。但从每万人口发明专利拥有量来看，广州为68.09项，低于北京94.60项的水平。④ 因此，广州要提高技术创新人力资本投入的产出效率，使其在粤港澳大湾区技术创新协同中发挥更大作用。

（1）应鼓励有技术创新实力的高校或科研机构积极建立地方研究院，在协同创新中服务粤港澳大湾区协同发展，如广州市香港科大霍英东研究院在推动校地间合作申请专利和协同创新中发挥了重要作用。

（2）应鼓励高校或科研机构与企业建立联合创新平台，如华南理工大学与广东嘉宝莉化工集团有限公司签订产学研合作协议，成立了“华南理工大学嘉宝莉涂料技术研发中心”，推动了广州和江门的技术创新协同。

---

① 上海市知识产权局，上海市财政局．关于印发《上海市专利资助办法》的通知[EB/OL]．(2018－09－12)[2019－09－02]．http://www.iprdaily.cn/news_19922.html.

② 广州年鉴编纂委员会．广州统计年鉴（2018）[M]．广州：广州年鉴社，2019.

③ 吴海飞．2017年广州新增高新技术企业4000家，居全国第二[EB/OL]．(2018－01－11)[2019－08－12]．http://money.ycwb.com/2018－01/11/content_25880409.htm? from＝groupmessage.

④ 董兆瑞，高星．2017年北京万人发明专利拥有量居全国第一[EB/OL]．(2018－04－19)[2019－09－02]．http://bj.people.com.cn/n2/2018/0419/c14540－31483318.html.

（3）应鼓励有实力的集团企业在粤港澳大湾区的不同城市，特别是在土地资源有潜力、人力资源较丰富的城市开设分公司/企业或分支机构，发挥集团企业技术邻近的优势，如广州市真格农业科技有限公司和肇庆市真格生物科技有限公司的合作促进了粤港澳大湾区技术创新协同发展。①

四、激发高新技术企业技术创新产出潜能

高新企业数量是衡量一个城市和地区科创活力的重要指标。随着经济的转型升级，我国高新技术企业将是城市、国家经济发展的主要动力；一座城市的高新技术企业多与少、弱与强，决定了未来城市的竞争力。② 表2－4结果显示，广州与粤港澳大湾区其他城市合作申请专利和高新技术企业数之间的皮尔逊相关性指数为0.929，显著性（双尾）检验值为0.000，相关系数显著性水平在0.01以下，说明技术创新协同水平与高新技术发展水平之间存在显著的正向相关性。从高新技术企业数量来看，截至2017年底，广州高新技术企业超过了8700家，位居全国第3，是苏州、天津、东莞的2倍左右，是杭州的3倍左右。相比二线城市，广州在高新技术产业方面的优势十分明显。③ 广州要进一步激发高新技术企业技术创新的市场主体作用和创新潜能，与粤港澳大湾区其他城市各创新主体开展更加紧密的技术创新协同往来，以提升技术创新协同密度。

---

① 李文辉，李青霞，丘芷君．基于专利计量的粤港澳大湾区协同技术创新演化研究［J］．统计研究，2019，36（8）：74－86.

②③ 张赛．高新企业数量对比：广州碾压所有二线城市［EB/OL］．（2018－09－18）［2019－09－02］．https：//baijiahao. baidu. com/s？ id＝1611924893418334705&wfr＝spider&for＝pc.

五、发挥技术创新协同辐射作用

表2－4结果显示，广州与粤港澳大湾区其他城市合作申请专利和邮电（邮政电信）业务总量之间的皮尔逊相关性指数为0.986，为各因素相关性指数中的最大值，显著性（双尾）检验值为0.000，相关系数显著性水平在0.01以下，说明技术创新协同水平与信息流通水平之间存在显著的正向相关性。广州与粤港澳大湾区其他城市合作申请专利和交通距离的皮尔逊相关性指数为0.311，显著性（双尾）检验值为0.279，相关系数显著性水平在0.01以上，说明技术创新协同水平与地理距离之间不存在显著相关性。因此，广州要发挥省会城市、粤港澳大湾区几何中心等区位优势，增强与各城市的技术创新合作；主动与创新技术较先进、创新资源较充足、创新经验较丰富的城市开展协同创新，发挥政府引导、政策优惠在技术创新协同发展中的引领作用，特别是具有地理邻近优势的城市（如“广佛肇”），更应该利用好地缘优势，通过签订战略合作协议等形式（如《深港创新圈合作协议》）带动其他城市逐步实现从“小组团”到“大协同”的跨越发展，引领并形成粤港澳大湾区技术创新共同体。①

第四节　小结

广州具有得天独厚的技术创新优势，集聚了丰厚的技术创新资源，是珠三角国家自主创新示范区的龙头城市，在区域技术创新协同发展中

① 李文辉，李青霞，丘芷君. 基于专利计量的粤港澳大湾区协同技术创新演化研究［J］. 统计研究，2019，36（8）：74－86.

发挥着重要作用。

因此，广州应继续提升经济发展对技术创新协同的促进效应，提高创新技术发展和储备水平，提高技术创新主体的人力投入和产出效率，激发高新技术企业技术创新产出潜能，发挥技术创新协同辐射作用。

第三章　深圳与粤港澳大湾区技术创新协同研究

第一节　深圳及其技术创新发展概况

一、深圳区位及其优势

深圳，简称“深”，是广东省下辖的副省级市、计划单列市、超大城市，是国务院批复确定的中国经济特区、全国性经济中心城市和国际化城市。① 深圳 2019 年年末常住人口 1343.88 万人，城镇化率 100%，是中国第一个全部城镇化的城市。②

深圳地处中国华南地区、广东南部、珠江口东岸，东临大亚湾和大鹏湾，西濒珠江口和伶仃洋，南隔深圳河与香港相连，既是国家定位的粤港澳大湾区四大中心城市之一，也是全国性国际科技产业创新中心③、中国三大全国性金融中心之一、中国特色社会主义先行示范区、

---

① 国务院办公厅．国务院关于深圳市城市总体规划的批复［EB/OL］．（2010－08－23）［2019－09－02］．http://www.gov.cn/zwgk/2010－08/23/content_1686116.htm.

② 深圳市统计局　国家统计局深圳调查队．深圳市 2019 年国民经济和社会发展统计公报［EB/OL］．（2020－04－15）［2019－09－06］．http://static.nfapp.southcn.com/content/201708/03/c587734.html.

③ 许可，陈思勤．全国首个！广州获批创建“中国制造 2025”试点示范城市［EB/OL］．（2017－08－03）［2019－09－06］．http://static.nfapp.southcn.com/content/201708/03/c587734.html.

综合性国家科学中心等。①

2018年，深圳在中国城市科技创新发展指数排名中列第2位。②深圳“国家中心城市指数”居全国第4位，并被GaWC评为世界一线城市（2018年）③。深圳享有“设计之都”“时尚之城”“创客之城”等美誉④，在中国高新技术产业、创意文化等多方面占有重要地位，也在中国的制度创新、扩大开放等方面肩负着试验和示范的重要使命。⑤

二、深圳专利技术创新发展特征

2017年，深圳全社会研发投入超过900亿元，占GDP比重为4.10%，居全球前列；PCT国际专利申请20457件，占全国申请总量的43.07%，连续14年居全国城市首位。⑥截至2018年末，深圳全市各类专业技术人员166.60万人，比上年增长8.3%，其中具有中级技术职称以上的专业技术人员50.90万人，增长9.5%。深圳高新技术产业开发区、深圳虚拟大学园、深圳先进技术研究院、国家超级计算深圳中心

① 深圳科创新方位：综合性国家科学中心“主阵地”［EB/OL］.（2019－08－20）［2019－09－02］. https：//finance. sina. com. cn/roll/2019－08－20/doc－ihytcern2053321. shtml.

② 王明月.《中国城市科技创新发展报告2018》发布 北京科创发展水平居首［EB/OL］.（2018－12－08）［2019－08－12］. http://finance. cnr. cn/gundong/20181208/t20181208_524443945. shtml.

③ 刘怀宇. 广深双双跻身世界一线城市，GaWC发布2018年世界级城市名册［EB/OL］.（2018－11－14）［2019－09－01］. http://kb. southcn. com/content/2018－11/14/content_184081455. htm.

④ 于木子，王磊，石薇. 深圳：迈向国际化的“创客之城”象征科技进入“更新期”［EB/OL］.（2014－11－27）［2019－09－02］. http://news. sina. com. cn/c/2014－11－27/142031211913. shtml.

⑤ 田俊荣，刘泰山，白之羽，等. 鹏城展翅再高飞（壮阔东方潮 奋进新时代：庆祝改革开放40年）［EB/OL］.（2018－05－21）［2019－09－01］. http://paper. people. com. cn/rmrb/html/2018－05/21/nw. D110000renmrb_20180521_6－01. htm.

⑥ 刘磊，吕绍刚. 深圳迈向全球“创新之都”（庆祝改革开放40年·百城百县百企调研行）［EB/OL］.（2018－10－08）［2019－09－01］. http://paper. people. com. cn/rmrb/html/2018－10/08/nw. D110000renmrb_20181008_5－01. htm.

（深圳云计算中心）、深港创新圈等科研机构或园区在深圳技术创新中发挥着重要作用。①

图 3 - 1 反映了 2000—2017 年深圳申请国家发明专利变化特征。2000—2017 年，深圳在国家知识产权局共申请发明专利 396964 项，申请项数在小幅波动中呈增长趋势，趋势线拟合指数 R^2 为 0. 9242，年均申请项数为 22053. 56 项，年均增长率为 34. 45%。2000—2007 年增长幅度较大，年均增幅为 61. 45%；2007—2017 年增幅减小，年均增幅为 12. 86%。

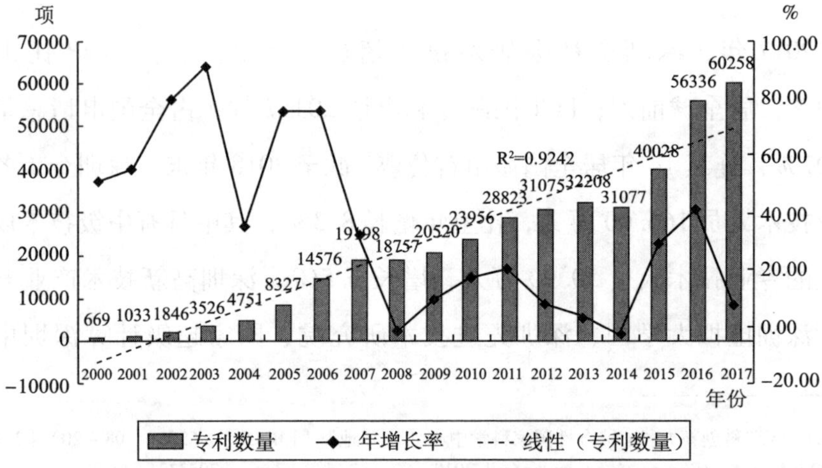

图 3 - 1　2000—2017 年深圳申请国家发明专利变化特征

三、深圳在粤港澳大湾区的技术创新发展定位

根据《规划纲要》，深圳是粤港澳大湾区区域发展核心引擎的四大中心城市之一。深圳在粤港澳大湾区的总体定位是：发挥作为经济特

① 深圳市统计局，国家统计局深圳调查队．深圳市 2018 年国民经济和社会发展统计公报［EB/OL］．（2019 - 04 - 19）［2019 - 09 - 01］. http://www. sz. gov. cn/cn/xxgk/zfxxgj/tjsj/tjgb/201904/t20190419_16908575. htm.

区、全国性经济中心城市和国家创新型城市的引领作用，加快建成现代化、国际化城市，努力成为具有世界影响力的创新创意之都。在“建设国际科技创新中心”方面，深圳位于“广州—深圳—香港—澳门”科技创新走廊之中，国家鼓励深入实施创新驱动发展战略，深化粤港澳创新合作，构建开放型融合发展的区域协同创新共同体，集聚国际创新资源，优化创新制度和政策环境，着力提升科技成果转化能力，建设全球科技创新高地和新兴产业重要策源地，支持港深创新及科技园等重大创新载体建设。在“构建具有国际竞争力的现代产业体系”方面，深圳等中心城市应依托科研资源优势和高新技术产业基础，充分发挥国家级新区、国家自主创新示范区、国家高新区等高端要素集聚平台作用，联合打造一批产业链条完善、辐射带动力强、具有国际竞争力的战略性新兴产业集群，增强经济发展新动能；发挥创新研发能力强、运营总部密集的优势，加强大湾区产业对接，提高协作发展水平。国家支持深圳建设保险创新发展试验区，推进深港金融市场互联互通和深澳特色金融合作，开展科技金融试点，加强金融科技载体建设。①

深港两地正在推进深港科技创新合作区建设，在河套地区合作建设港深创新及科技园，以创新和科技为主轴，建立重点科研合作基地，配套建设相关高等教育、文化创意和其他配套设施，以创新和科技为主线，集聚国际创新资源，打造“一带一路”国际化创新合作新平台、粤港澳大湾区科技发展新引擎、深港跨境深度合作新支点、政策制度改革创新试验区，通过打造创业平台、项目融资推介等多种形式支持港澳青年在内地创新创业。②

---

① 中共中央，国务院．粤港澳大湾区发展规划纲要［EB/OL］．（2019-02-18）［2019-03-06］. http://www.locpg.gov.cn/jsdt/2019-02/18/c_1210062255.htm.

② 粤港澳大湾区——深圳［EB/OL］．（2019-05-16）［2019-10-06］. http://www.cnbayarea.org.cn/city/index.html.

第二节　深圳与粤港澳大湾区技术创新协同

一、协同时序特征分析

深圳从 1999 年开始与粤港澳大湾区其他城市合作申请专利。1999—2017 年，根据有效原始数据信息，按照“申请日”统计，深圳与粤港澳大湾区其他城市合作申请专利共 6896 项，占申请专利总数 396964 项的 1.74%，享有“创客之城”美誉的深圳，在大湾区的技术创新协同发展中发挥着关键作用和示范作用。

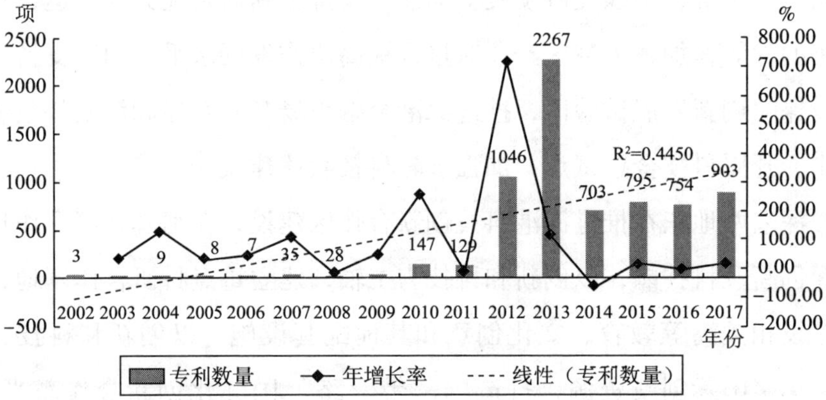

图 3－2　2002—2017 年深圳与粤港澳大湾区其他城市合作申请专利变化特征

图 3－2 反映了 2002—2017 年深圳与粤港澳大湾区其他城市合作申请专利变化特征。

（1）从 2002 年开始，深圳与粤港澳大湾区其他城市每年均有合作申请专利。

（2）合作申请专利数在波动中呈增长趋势，趋势线拟合指数 R^2 为

0.4450，年均增长率为93.20%，年均合作申请专利数为430.81项。

（3）从2012年开始，合作申请专利数量和增长幅度呈现井喷现象，2012年申请数量达到1046项，2013年达到2267项，远超其他年份，这两年合作申请专利数占所统计年份合作专利总量6896项的48.04%。

（4）从2014年开始，合作申请专利数量出现急剧下降，从2013年的2267项减少至2014年的703项；2014—2017年年均合作申请专利数量为788.75项。这可能与新时代的经济发展方式转变相关，合作申请专利所体现的技术创新协同逐渐呈现稳步发展的态势。

（5）分析发现，2012年和2013年深圳与东莞的合作申请专利数达2891项，占这两年合作申请专利3313项的87.26%。其中，海洋王照明科技股份有限公司及其集团企业在促进深圳与东莞技术创新协同中发挥着重要作用，在这两年里共合作申请专利2140项，占两地与粤港澳大湾区其他城市合作申请专利总数2891项的74.02%。

二、协同区域特征分析

表3－1反映了深圳与粤港澳大湾区其他城市合作申请专利区域分布特征。

表3－1　深圳与粤港澳大湾区其他城市合作申请专利区域分布特征

项目	东莞	惠州	广州	珠海	香港	佛山	中山	江门	肇庆	合计
项数/项	3891	1436	1123	169	133	76	43	22	3	6896
占比/%	56.42	20.82	16.28	2.45	1.93	1.10	0.62	0.32	0.04	100.00

（1）深圳与除澳门外的9个粤港澳大湾区城市建立了合作申请专利技术创新协同关系。

（2）深圳与粤港澳大湾区其他城市合作申请专利平均项数为

766.22 项。

（3）深圳与东莞、惠州、广州3市合作申请专利数均超过1000项，共6450项，占合作申请专利总数6896项的93.53%。其中，东莞最多，为3891项，以绝对优势占比56.42%；惠州为1436项，占比20.82%；广州为1123项，占比16.28%。

（4）深圳与珠海、香港、佛山、中山、江门、肇庆合作申请专利共446项，占比6.47%。

（5）深圳与东莞、惠州、广州的合作申请专利技术创新协同较为紧密，这4个城市在地域上均位于粤港澳大湾区较为中心的位置，且彼此紧密连接，均属于科技产业新城，科技创新实力较为雄厚，在粤港澳大湾区建设战略背景下，将在推动区域科技经济一体化中发挥重要作用。①

三、协同技术领域特征分析

表3－2反映了深圳与粤港澳大湾区其他城市合作申请专利技术领域分布特征。

表3－2　深圳与粤港澳大湾区其他城市合作申请专利技术领域分布特征

分类号（部）	技术领域	项数/项	占比/%
A部：人类生活必需	农业	18	0.26
	食品；烟草	30	0.44
	个人或家用物品	19	0.28
	保健；救生；娱乐	73	1.06

① 石义寿．粤港澳大湾区建设背景下深莞惠科技创新情况分析［J］．科技创新发展战略研究，2018，2（6）：25－31.

续表

分类号（部）	技术领域	项数/项	占比/%
B部：作业；运输	分离；混合	137	1.99
	成型	516	7.48
	印刷	16	0.23
	交通运输	273	3.96
	微观结构技术；纳米技术	3	0.04
C部：化学；冶金	化学	434	6.29
	冶金	71	1.03
	组合技术	1	0.01
D部：纺织；造纸	纺织或未列入其他类的柔性材料	2	0.03
	造纸	6	0.09
E部：固定建筑物	建筑	113	1.64
	土层或岩石的钻进；采矿	5	0.07
F部：机械工程；照明；加热；武器；爆破	发动机或泵	48	0.70
	照明；加热	1295	18.78
G部：物理	仪器	1696	24.59
	核子学	4	0.06
H部：电学	电学	2136	30.97
合计		6896	100.00

（1）深圳与粤港澳大湾区其他城市合作申请专利技术分布在8个学部的21个技术领域。

（2）“电学”领域合作申请专利为2136项，占合作申请专利总数6896项的30.97%，“仪器”和“照明；加热”分别为1696项和1295项，分别占比24.59%和18.78%。这三个领域合作申请专利项数均超过1000项，为绝对优势技术领域。

（3）“成型”“化学”领域分别合作申请专利516项、434项，分别占比7.48%、6.29%，这些技术领域合作申请专利比例均超过5.00%，为优势技术领域。

（4）“交通运输”“分离；混合”“建筑”领域分别合作申请专利

273 项、137 项和 113 项，分别占比 3.96%、1.99% 和 1.64%，为相对优势技术领域。

（5）“保健；救生；娱乐”“冶金”“发动机或泵”“食品；烟草”“个人或家用物品”“农业”“印刷”“造纸”“土层或岩石的钻进；采矿”“核子学”“微观结构技术；纳米技术”“纺织或未列入其他类的柔性材料”“组合技术”共合作申请专利 296 项，占比 4.29%，为弱势技术领域。

（6）分析认为，优势领域的形成与深圳地区的战略发展规划相关。中共深圳市委、深圳市人民政府印发《深圳市关于〈珠江三角洲地区改革发展规划纲要（2008—2020 年）〉的实施方案》的通知中指出，鼓励企业与高等院校、科研机构共建高水平的技术研发机构和人才培养机构；积极组建企业技术中心，围绕电子信息、新能源、新材料、生物医药等高新技术产业，机械、钟表、印刷包装等传统优势产业，以及数控机床、仪器仪表、汽车电子、家电等先进装备制造行业建设企业研发机构，推荐符合条件的省、市级企业技术中心申请认定国家级技术中心；对新材料、新能源等领域的指导和优惠政策，使深圳在合作申请专利领域中构建区域性创新体系，在区域合作和国际合作中发挥重要作用并产生积极影响。①

四、协同主体特征分析

表 3－3 反映了深圳与粤港澳大湾区其他城市协同主体合作申请专利数量特征。

① 中共深圳市委，深圳市人民政府．深圳市关于《珠江三角洲地区改革发展规划纲要（2008—2020 年）》的实施方案［EB/OL］．（2010－01－26）［2019－06－06］．http://www.sz.gov.cn/zfgb/2010/gb683/201001/t20100126_1428294.htm.

表3－3　深圳与粤港澳大湾区其他城市协同主体合作申请专利数量特征

类别		高校	科研机构	国有企业	民营企业	高新技术企业	中外合资企业	外资企业	个人及其他社会组织	合计
深圳	协同主体数/个	8	16	22	149	153	16	16	0	380
	合作专利数/项	187	294	71	2830	3192	147	175	0	6896
	平均专利数/项	23.38	18.38	3.23	18.99	20.86	9.19	10.94	0.00	18.15
其他城市	协同主体数/个	26	29	40	173	85	13	16	2	384
	合作专利数/项	552	185	124	3291	1659	814	265	6	6896
	平均专利数/项	21.23	6.38	3.10	19.02	19.52	62.62	16.56	3.00	17.96

（1）从深圳的协同主体数来看，高新技术企业协同主体数量为153个，占协同主体总数380个的40.26%，民营企业协同主体数量为149个，占比39.21%。这两种类型主体数量均超过100个，占总主体数的79.47%。其他类别协同主体数共78个，占比20.53%。

（2）从深圳的协同主体合作申请专利数来看，高新技术企业参与合作申请专利3192项，民营企业2830项，分别占总合作申请专利数6896项的46.29%、41.04%。其他类别协同主体共合作申请专利874项，占比12.67%。可见，高新技术企业、民营企业在深圳与粤港澳大湾区其他城市技术创新协同中发挥着主导作用。

（3）从深圳的平均合作申请专利数来看，每个协同主体平均合作申请专利数为18.15项。高校为23.38项，高新技术企业为20.86项，民营企业为18.99项、科研机构为18.38项。这说明深圳高校、高新技术企业、民营企业和科研机构与粤港澳大湾区其他城市技术创新协同强度较大。

（4）从其他城市的协同主体数来看，民营企业173个、高新技术企业85个，分别占总协同主体数量384个的45.05%、22.14%。其他协同主体共126个，占比32.81%。

（5）从其他城市的协同主体合作申请专利数来看，民营企业3291

项、高新技术企业1659项、中外合资企业814项，分别占合作申请专利总数6896项的47.72%、24.06%、11.80%。可见，民营企业、高新技术企业、中外合资企业是粤港澳大湾区其他城市与深圳开展技术创新协同的主导力量。

(6) 从其他城市的平均合作申请专利数来看，每个协同主体平均合作申请专利数为17.96项。中外合资企业62.62项、高校21.23项、高新技术企业19.52项、民营企业19.02项。说明粤港澳大湾区其他城市的中外合资企业、高校、高新技术企业和民营企业与深圳的技术创新协同强度较大。

图3-3反映了2007—2017年深圳各协同主体合作申请专利变化特征。从图3-3中可见，各类主体合作申请专利数量总体上呈增长趋势。其中，民营企业和高新技术企业呈现出领先发展的态势。中共十八大以来，以习近平同志为核心的党中央高度重视民营经济发展。[①] 2011—2013年的民营企业合作申请专利数量大幅增加，主要来源于海洋王照明科技股份有限公司及其集团企业的带动作用。在技术创新和科技研发积累的基础上，专利数量和质量显著提升，使2013年海洋王照明科技股份有限公司的专利在国内企业中列全国第5位。[②] 海洋王照明科技股份有限公司、海洋王（东莞）照明科技有限公司、深圳市海洋王照明工程有限公司在2013年共合作申请专利达到785项，加强了深圳和东莞协同技术创新合作。由此可以看出，民营企业的发展是推动整个深圳与粤港澳大湾区其他城市协同技术创新的重要动力。

---

① 庄宇辉．为民营经济走向更加广阔舞台注入坚定信心［N］．深圳特区报，2018-11-06（B09）．

② 陈嘉佳，姚宇鹋，刘云丽，等．从专利申请量看海洋王照明公司的崛起［J］．中国发明与专利，2014（11）：104-109．

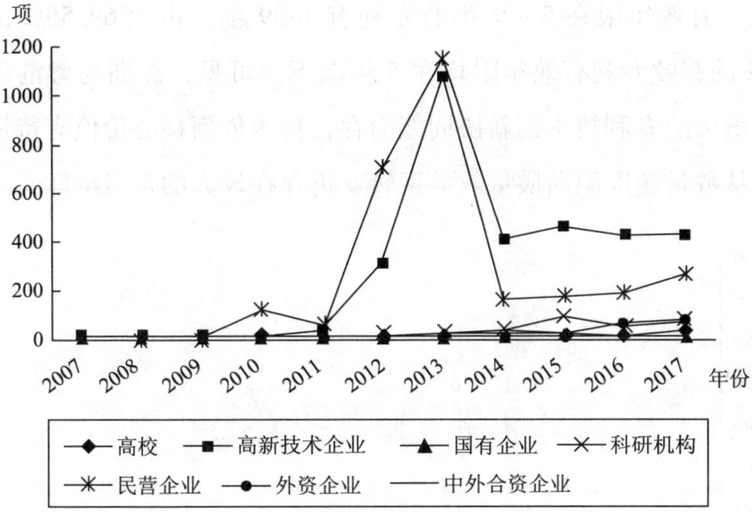

图 3-3 2007—2017 年深圳各协同主体合作申请专利变化特征

分析也发现，在深圳，90%以上的研发机构设立在企业，90%以上的研发人员集中在企业，90%以上的研发资金来源于企业，90%以上的职务发明专利出自企业，“4 个 90%”彰显深圳创新的特色。① 由此可见，继续发挥企业的示范作用，同时带动高校、科研机构发展，将有助于在粤港澳大湾区的技术创新协同发展中注入深圳活力。

五、协同有效专利特征分析

深圳与粤港澳大湾区其他城市有效合作专利共有 2155 项，占合作申请专利总数 6896 项的 31.25%。图 3-4 反映了深圳与粤港澳大湾区其他城市合作申请有效专利特征。

（1）有效年限在 10 年及以上的专利有 24 项，占有效合作专利 2155 项的 1.11%。

① 许明辉，米滢．深圳市融入粤港澳大湾区建设还需加强基础研究［J］．特区经济，2019（5）：26-28.

（2）有效年限在 5～9 年的专利有 1499 项，占比 69.56%；其余 29.33% 的有效专利有效年限均在 5 年以下。可见，深圳与粤港澳大湾区其他城市的专利技术创新协同能力存在技术创新核心价值有待提升的问题，从数量速度型向质量效益型转变仍存在较大的发展空间。

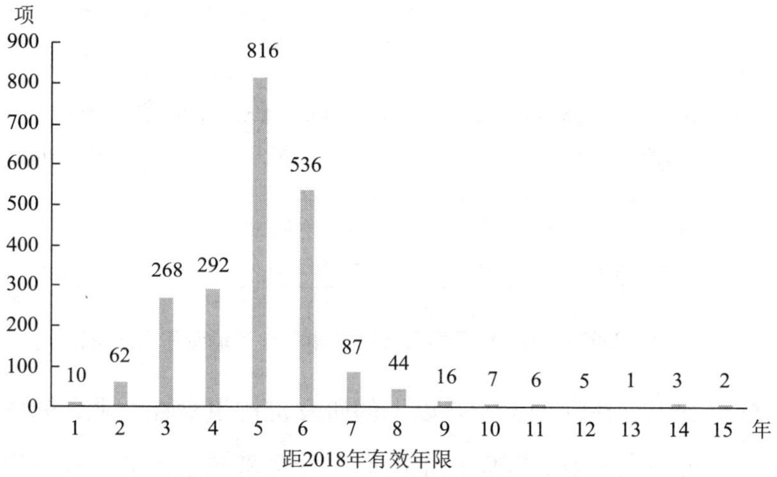

图 3－4　深圳与粤港澳大湾区其他城市合作申请有效专利特征

另外，在有效年限在 10 年及以上的 24 项专利中，与广州、东莞、佛山分别合作 17 项、4 项和 3 项，分别占比 70.83%、16.67% 和 12.50%。从深圳的单位性质上看，高新技术企业、高校、民营企业分别有 15 项、5 项和 4 项，分别占比 62.50%、20.83% 和 16.67%。其中，高新技术企业所占 15 项中有 5 项是深圳学者生物有限公司参与合作申请的；高校所占 5 项合作专利均为清华大学深圳研究生院参与合作申请的；民营企业所占 4 项中有 3 项是深圳市亿铖达工业有限公司参与合作申请的。可见，从深圳协同主体来看，有效专利申请相对集中于个别单位，这些单位的创新能力、市场竞争力相对较强。从粤港澳大湾区其他城市协同主体来看，高校参与合作 13 项，占比 54.17%；科研机构、高新技术企业、外资企业参与合作各有 3 项，各占比 12.50%；国有企业、民营企业参与合作各1项，各占比4.17%。其中，高校所占的13项专利中有9项是中山大学参与合作申请的；外资企业所占3项专利均是东莞市亿铖达焊锡制造有限公司参与合作申请的。可见，深圳与粤港澳大湾区其他城市合作申请有效专利协同主体相对较为分散，核心技术创新协同能力有待进一步激发。

六、协同专利技术转移特征分析

深圳与粤港澳大湾区其他城市共有128项合作申请专利实现了技术转移，仅占合作申请专利总数6896项的1.86%，与相关研究结果（约10.00%）相比，科技成果转化率较低。①

图3-5反映了深圳与粤港澳大湾区其他城市专利技术转移特征。从图3-5中可以发现，专利技术转移数量变化趋势与合作申请专利总数变化趋势基本一致，技术转移仍具有较大的发展潜力。

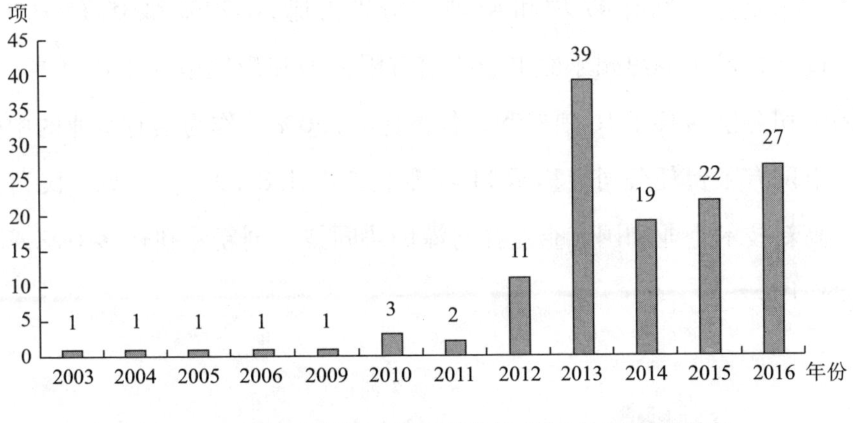

图3-5 深圳与粤港澳大湾区其他城市专利技术转移特征

注：2007年、2008年为0，未列入。

① 文剑英．科技成果转化的理性思考［J］．科研管理，2019，40（5）：175-181.

从协同主体来看，128 项转移专利涉及深圳与粤港澳大湾区其他城市协同主体均为45个，分别占深圳协同主体总数380个的11.84%和其他城市协同主体总数384个的11.72%。每个协同主体参与转移专利平均数量为2.84项。可见，参与专利技术转移的协同主体数量不多，许多协同主体的专利技术转移意识有待增强。

从深圳专利技术转移协同主体性质来看，在128项转移专利中，高新技术企业和民营企业分别有66项和49项，分别占比51.56%和38.28%，其他协同主体共有13项，占比10.16%。其中，深圳市沃尔特种线缆有限公司和深圳市沃尔核材股份有限公司各有16项，分别占转移专利总数的12.50%。可见，深圳的高新技术企业和民营企业在科技成果转化能力方面表现较为突出，其他协同主体的技术转移能力仍有较大的发展空间。

从粤港澳大湾区其他城市专利技术转移协同主体来看，民营企业和高新技术企业分别有47项和45项，分别占比36.72%和35.15%。其中，高新技术企业惠州乐庭电子线缆有限公司和乐庭电线工业（惠州）有限公司分别转移了16项专利，各占比12.50%；作为国有企业的中国南方电网有限责任公司转移了11项专利，占比8.59%。可见，民营企业、高新技术企业和国有企业在与深圳协同技术创新专利转移中发挥着重要作用。

第三节　优化深圳与粤港澳大湾区技术创新协同的策略

深圳与粤港澳大湾区其他城市合作申请专利和相关影响因素的回归

分析结果如表3－4所示。深圳要结合相关因素的影响情况，有针对性地优化实施与粤港澳大湾区其他城市的技术创新协同策略。

表3－4　深圳与粤港澳大湾区其他城市合作申请专利和相关影响因素的回归分析结果

指标	本地生产总值	申请国家发明专利数量	研究与试验发展（R&D）经费投入数量	研究与试验发展（R&D）人员投入数量	邮电（邮政电信）业务总量	高新技术企业数	交通距离
皮尔逊相关性	0.627*	0.517*	0.626*	0.696**	0.287	0.839**	0.231
显著性（双尾）	0.022	0.071	0.022	0.008	0.341	0.000	0.479

注：**表示在0.01级别（双尾）相关性显著；*表示在0.05级别（双尾）相关性显著。

一、发挥好经济发展与技术创新的相互促进作用

表3－4结果显示，深圳与粤港澳大湾区其他城市合作申请专利和本地生产总值之间的皮尔逊相关性指数为0.627，显著性（双尾）检验值为0.022，相关系数显著性水平在0.05以下，说明技术创新协同水平与经济发展水平之间存在正向相关性；同研究与试验发展（R&D）经费投入数量的皮尔逊相关性指数为0.626，显著性（双尾）检验值为0.022，相关系数显著性水平在0.05以下，说明技术创新协同水平与R&D经费投入水平之间存在正向相关性。2017年，深圳的生产总值总量为22438.39亿元，首次超过香港，成为粤港澳大湾区城市经济总量第1的城市。[①] 深圳市R&D经费投入强度为4.34%，高于广东省2.48%的全省平均水平1.86个百分点，在全国省份中仅低于北京的

① 2017年深圳GDP达2.2万亿　超广州、香港位居全国第三［EB/OL］.（2018－01－15）［2019－09－02］. https：//finance.sina.com.cn/stock/hkstock/hkstocknews/2018－01－15/doc－ifyqrewi2006040.shtml.

5.64%。[①] 另外，世界上创新型国家科技进步对经济发展的贡献率在70%以上[②]，而在《深圳市可持续发展规划（2017—2030年）》中科技进步贡献率到2025年将达到63%。[③] 因此，一方面，深圳要继续发挥经济发展对R&D投入的支撑作用，以保障技术创新持续发展；另一方面，要提升技术创新对经济发展的贡献，带动粤港澳大湾区技术创新协同对区域经济发展的促进作用。

二、提升创新技术储备质量和专利技术转移水平

表3-4结果显示，深圳与粤港澳大湾区其他城市合作申请专利和申请国家发明专利数量之间的皮尔逊相关性指数为0.517，显著性（双尾）检验值为0.071，相关系数显著性水平在0.05以上，说明技术创新协同水平与技术创新发展水平之间存在相关性，但不显著。2017年，深圳发明专利申请量60258项，在粤港澳大湾区城市中排第1位，较排名第2的广州的36941项多23317项；与全国直辖市相比，仅次于北京（99167项）。[④] 但从有效发明专利数量来看，截至2017年底，深圳累计为106917项，而北京的有效发明专利累计超过205000项；从每万人口发明专利拥有量来看，深圳为89.78项，而北京为94.60项。[⑤] 另外，

① 国家统计局社会科技和文化产业统计司，科学技术部创新发展司．中国科技统计年鉴（2018）[M]．北京：中国统计出版社，2018：8-28.

② 李黎明，谢子春，梁毅劼．创新驱动发展评价指标体系研究［J］．科技管理研究，2019（5）：59-69.

③ 深圳市人民政府发展研究中心．深圳市可持续发展规划（2017—2030年）［EB/OL］.（2018-10-18）［2019-09-02］. http://www.sz.gov.cn/rmzffzyjzx/ghjh/fzgh/201810/t20181018_14294868.htm.

④ 国家统计局社会科技和文化产业统计司，科学技术部创新发展司．中国科技统计年鉴（2018）[M]．北京：中国统计出版社，2018：8-28.

⑤ 北京市2017年国民经济和社会发展统计公报［EB/OL］.（2018-02-27）［2019-09-02］. http://mini.eastday.com/mobile/180227045449580.html#.

从深圳与粤港澳大湾区其他城市合作申请专利技术转移来看，仅有128项、占比1.86%的专利技术实现了转移，说明科技成果转化率较低。因此，对粤港澳大湾区建设国际科技创新中心和建设中国特色社会主义先行示范区而言，深圳在技术创新协同中具有特殊重要地位，提高专利创新技术的储备质量和专利技术转移水平，有利于发挥深圳在全国和粤港澳大湾区中的技术创新协同示范及辐射作用。

三、多渠道引进各种类别技术创新主体，激发创新人员创新潜能

表3-4结果显示，深圳与粤港澳大湾区其他城市合作申请专利同研究与试验发展（R&D）人员投入数量之间的皮尔逊相关性指数为0.696，显著性（双尾）检验值为0.008，相关系数显著性水平在0.01以下，说明技术创新协同水平与R&D人力投入水平之间存在显著的正向相关性。近年来，深圳通过各种渠道引进各类技术创新主体，提升了R&D人员的投入数量，取得了良好的效果。例如，根据《深圳市诺贝尔奖科学家实验室组建管理办法（试行）》的规定和工作安排，深圳已建成索维奇智能新材料实验室、科比尔卡创新医药开发研究院和内尔神经可塑性实验室等9家诺贝尔奖科学家实验室。① 另外，深圳已引进国（境）内外著名高校20多所，其中包括国家“985工程”高校17所、国家“211工程”高校1所和香港高校6所。② 这些举措在提高技术创新主体数量、促进技术创新助力产业升级和提升城市竞争力方面发挥了

① 高校争夺战之深圳：引进17所985+1所211+6所香港高校［EB/OL］.（2018-02-02）［2019-09-09］. https：//new. qq. com/omn/20180202/20180202A143T3. html.

② 程洋. 深圳“十大诺奖实验室”已建成9家［EB/OL］.（2019-06-21）［2019-09-02］. http：//news. southcn. com/nfdsb/content/2019-06/21/content_188062962. htm.

积极效应。在此带动下，从2017年R&D人员投入来看，深圳为281369人，与全国直辖市相比仅次于北京的397281人。在加强技术创新人员投入的同时，深圳也应该注重激发技术创新主体的创新潜能。

四、突出高新技术企业在技术创新中的引领作用

表3－4结果显示，深圳与粤港澳大湾区其他城市合作申请专利和高新技术企业数之间的皮尔逊相关性指数为0.839，显著性（双尾）检验值为0.000，相关系数显著性水平在0.01以下，说明技术创新协同水平与高新技术发展水平之间存在显著的正向相关性。从高新技术企业数量来看，截至2017年底，深圳高新技术企业数达10988家，在全国城市中仅次于北京的20297家。[①] 从深圳参与粤港澳大湾区技术创新协同的主体数量来看，高新技术企业数量最多，占比40.26%。国家始终坚持倡导以市场为主体，以企业为导向，产学研相结合的创新体系。[②] 因此，深圳要继续发挥高新技术企业在技术创新中的引领作用，培育更多像中兴通讯股份有限公司、华为技术有限公司和比亚迪股份有限公司一样的高新技术企业，充实城市科技硬核，带动粤港澳大湾区技术创新协同发展。[③]

五、探索“三区”优势叠加的技术创新协同发展示范模式

表3－4结果显示，深圳与粤港澳大湾区其他城市合作申请专利和

---

① 张赛．高新企业数量对比：广州碾压所有二线城市［EB/OL］．（2018－09－18）［2019－09－02］．https：//baijiahao. baidu. com/s？ id＝1611924893418334705&wfr＝spider&for＝pc.

② 曾伟，程瑶，盖琳．这四年，习近平总书记的科技强国梦［EB/OL］．（2016－05－31）［2019－09－06］．http：//politics. people. com. cn/n1/2016/0531/c1001－28399593. html.

③ 张玮．深圳国家级高新技术企业已超1.1万家［EB/OL］．（2018－12－03）［2019－09－06］．http：//www. sohu. com/a/279392775_100005985.

邮电（邮政电信）业务总量之间的皮尔逊相关性指数为 0. 287，显著性（双尾）检验值为 0. 341，相关系数显著性水平在 0. 05 以上，说明技术创新协同水平与信息流通水平之间不存在显著的相关性。深圳与粤港澳大湾区其他城市合作申请专利和交通距离的皮尔逊相关性指数为 0. 231，显著性（双尾）检验值为 0. 479，相关系数显著性水平在 0. 05 以上，说明技术创新协同水平与地理距离之间不存在显著相关性。根据中国社科院信息化研究中心发布的《第八届（2018）中国智慧城市发展水平评估报告》，深圳智慧城市发展水平达 76. 30，位居全国第 1；国家信息中心发布的《中国信息社会发展报告 2017》显示，深圳信息社会指数达 0. 88，已连续 4 年位居全国地级以上城市第 1。[①] 可见，发达的智慧城市和信息化发展水平，已经大大降低了邮电（邮政电信）业务和交通距离对深圳技术创新协同发展的消极影响。1980 年，深圳被确立为中国最早实行对外开放的四个经济特区之一；2019 年，深圳被确立为粤港澳大湾区四个核心城市之一；同时，国家支持深圳建设中国特色社会主义先行示范区。因此，从发展历史、现实水平和未来战略来看，深圳应该积极探索“三区”优势叠加的技术创新协同发展模式，激发创新潜能，发挥窗口作用，利用制度优势，力争在国家创新驱动发展战略、国家科技强国战略和粤港澳大湾区国际科技创新中心建设中发挥示范作用。

① 王童. 深圳智慧城市发展水平全国第一 [EB/OL]. (2018 - 12 - 05) [2019 - 09 - 16]. http://www. sohu. com/a/279726747_100191048.

第四节 小结

作为改革开放的桥头堡，深圳的技术创新发展取得了可喜的成绩。深圳已成为中国南方重要的高新技术研发和制造基地。深圳应发挥好经济发展与技术创新的相互促进作用，提升创新技术储备质量和专利技术转移水平，多渠道引进各种类别技术创新主体，突出高新技术企业在技术创新中的引领作用，探索“三区”优势叠加的技术创新协同发展示范模式。以创新和科技为主线，集聚国际创新资源，打造“一带一路”国际化创新合作新平台、粤港澳大湾区科技发展新引擎、深港跨境深度合作新支点、政策制度改革创新试验区，努力建设中国特色社会主义先行示范区，实现社会主义现代化强国城市范例的建设目标。①

① 粤港澳大湾区——深圳［EB/OL］.（2019－05－16）［2019－09－06］. http://www.cnbayarea.org.cn/city/index.html.

第四章 珠海与粤港澳大湾区技术创新协同研究

第一节 珠海及其技术创新发展概况

一、珠海区位及其优势

珠海，简称“甬”，面积 1736.46 平方千米，2018 年末常住人口 189.11 万人。珠海位于广东省中南部，东与香港、深圳隔海相望，南与澳门相连，与澳门相距 9 千米，横琴新区与澳门隔江相望，西邻江门市，北与中山市接壤。珠海设有拱北、九洲港、珠海港、万山、横琴、斗门、湾仔、珠澳跨境工业区、港珠澳大桥珠海公路口岸等国家一类口岸 9 个，是珠三角中海洋面积最大、岛屿最多、海岸线最长的城市，素有“百岛之市”之称。①

珠海是珠江口西岸的核心城市、珠江三角洲中心城市之一、粤港澳大湾区重要节点城市、广东省域副中心城市之一②、中国最早设立的四

① 中共珠海市委．市情简介［EB/OL］．（2019－01－26）［2019－06－06］．http://www.zhsw.gov.cn/sqjj/201008/t20100813_132709.html.

② 林小昭．广东打造三大副中心城市　粤东西成经济新增长极［EB/OL］．（2017－12－15）［2019－06－06］．http://finance.sina.com.cn/roll/2017－12－15/doc－ifyptkyk4587943.shtml.

个经济特区之一，是全国唯一以整体城市景观入选“全国旅游胜地四十佳”的城市，有着国家新颁布的“幸福之城”“浪漫之城”的称号。①

2018 年，珠海全市实现地区生产总值 2914.74 亿元，增长 8.00%，增速位居广东省第 1。珠海在园区建设、招商引资、企业培育、技术改造等方面出台了支持实体经济发展系列政策，实体经济发展活力不断增强。② 2019 年 8 月，中国海关总署主办的《中国海关》杂志公布了 2018 年“中国外贸百强城市”排名，珠海排名第 5。③

二、珠海专利技术创新发展特征

2013 年，在《中国城市可持续发展指数报告》中，珠海综合排名全国第 1④；2018 年，珠海在中国城市创新竞争力排名中位列第 21，在中国城市科技创新发展指数排名中位列第 13⑤；2019 年，“中国人工智能产业发展潜力城市 20 强榜单”发布，珠海进入前 20 名。⑥ 珠海拥有国家级工程研究中心 4 家、省级 246 家；已建立国家级企业技术研究中心 5 个、省级 94 个，市级重点企业技术中心 341 个；拥有广东省战略

① 国务院．国务院关于珠海市城市总体规划的批复［EB/OL］．(2008－03－28)［2019－06－06］. http://www.gov.cn/zhengce/content/2008－03/28/content_5739.htm.

② 粤港澳大湾区——珠海［EB/OL］．(2019－05－16)［2019－06－06］. http://www.cnbayarea.org.cn/city/index.html.

③ 鲍一凡．2018 年中国外贸百强城市出炉：深圳、上海、东莞排名前三［EB/OL］．(2019－08－02)［2019－09－06］. https://finance.sina.com.cn/china/gncj/2019－08－02/doc－ihytcerm8104101.shtml.

④ 机构：中国城市可持续发展指数出炉 东部城市表现佳［EB/OL］．(2014－04－16)［2019－09－06］. http://finance.cnr.cn/gundong/20140416/t20140416_515310381.shtml.

⑤ 王明月．《中国城市科技创新发展报告 2018》发布 北京科创发展水平居首［EB/OL］．(2018－12－08)［2019－08－12］. http://finance.cnr.cn/gundong/20181208/t20181208_524443945.shtml.

⑥ 中国人工智能产业发展潜力城市 20 强榜单公布［EB/OL］．(2019－08－09)［2019－09－06］. http://capital.people.com.cn/n1/2019/0809/c405954－31286648.html.

性新兴产业基地5个；截至2018年底，全市有722家企业通过高企认定，总数达到2053家。① 这些都说明了珠海在技术创新能力方面的基础和发展进步。

2018年，珠海全社会研发经费支出占地区生产总值的2.5%，PCT申请量累计1508项，实施人才优先引进、留学人员创业资助等措施。②

图4-1反映了2000—2017年珠海申请国家发明专利变化特征。从图4-1中可以看出以下三个特征：

（1）2000—2017年，珠海在国家知识产权局共申请发明专利33000项。

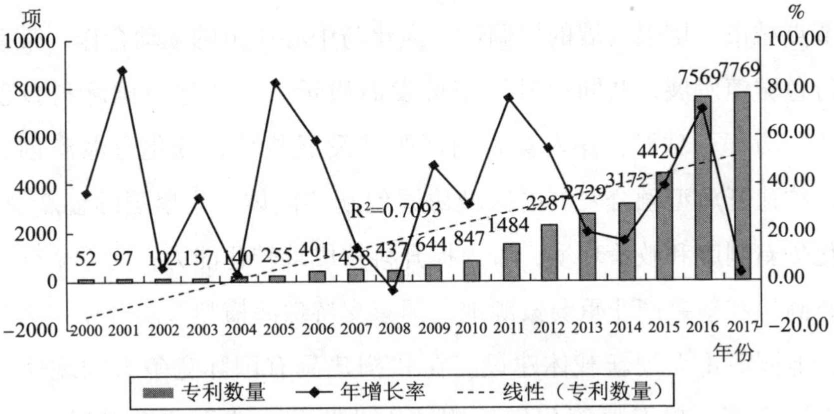

图4-1 2000—2017年珠海申请国家发明专利变化特征

（2）除2008年外，申请专利项数呈逐年稳步增长趋势，趋势线拟合指数 R^2 为0.7093，年均申请项数为1833.33项。

（3）年均增长率波动较大，平均值为37.28%；2016年增长率为71.24%，珠海年申请发明专利数突破7000项；2017年保持了增长态

① 珠海市统计局．珠海市2018年国民经济和社会发展统计公报［EB/OL］．（2019-04-06）［2019-09-06］．http://www.tjcn.org/tjgb/19gd/35892_12.html.

② 粤港澳大湾区——珠海［EB/OL］．（2019-05-16）［2019-06-06］．http://www.cnbayarea.org.cn/city/index.html.

势，共申请发明专利 7769 项。

另外，2018 年珠海共申请发明专利 13139 项，首次突破 10000 项，较 2017 年增长 69.12%。这些说明粤港澳大湾区建设实施以来，珠海积极推进技术创新发展。

三、珠海在粤港澳大湾区的技术创新发展定位

根据《规划纲要》，珠海是粤港澳大湾区建设的重要节点城市之一。珠海在粤港澳大湾区的总体定位是：充分发挥自身优势，深化改革创新，增强城市综合实力，形成特色鲜明、功能互补、具有竞争力的重要节点城市；增强发展的协调性，强化与中心城市的互动合作，带动周边特色城镇发展，共同提升城市群发展质量。在“建设国际科技创新中心”方面，珠海要深入实施创新驱动发展战略，深化粤港澳创新合作，构建开放型融合发展的区域协同创新共同体，集聚国际创新资源，优化创新制度和政策环境，着力提升科技成果转化能力，建设全球科技创新高地和新兴产业重要策源地，国家支持珠海横琴粤澳合作中医药科技产业园等重大创新载体建设。在“构建具有国际竞争力的现代产业体系”方面，珠海要深化供给侧结构性改革，着力培育发展新产业、新业态、新模式，促进传统产业改造升级，加快发展先进制造业和现代服务业，瞄准国际先进标准，提高产业发展水平，促进产业优势互补、紧密协作、联动发展，培育若干个世界级产业集群，国家支持以珠海、佛山为龙头建设珠江西岸先进装备制造产业带。①

珠海正在打造内联外拓的枢纽平台，粤澳合作中医药科技产业园是粤澳两地政府在横琴共同开发的第一个落地项目。产业园成立以来，不

① 中共中央，国务院．粤港澳大湾区发展规划纲要［EB/OL］.（2019-02-18）［2019-03-06］. http://www.locpg.gov.cn/jsdt/2019-02/18/c_1210062255.htm.

断创新粤澳合作模式，积极助推澳门、内地企业“走出去”，拓展海外资源和市场，推进中医药国际合作深入开展；珠海出台粤港澳大湾区创新高地、“双自联动”、自创区建设实施方案，正着力布局新兴产业和未来产业。①

第二节　珠海与粤港澳大湾区技术创新协同

一、协同时序特征分析

珠海从 2006 年开始与粤港澳大湾区其他城市有了 1 项合作申请专利，2008 年开始形成了每年连续不断的技术创新协同关系。2006—2017 年，根据有效原始数据信息，按照“申请日”统计，珠海与粤港澳大湾区其他城市合作申请专利共 375 项，占申请专利总数 33000 项的 1.14%，在大湾区 11 个城市的技术创新协同发展中发挥着一定作用。

图 4-2 反映了 2008—2017 年珠海与粤港澳大湾区其他城市合作申请专利变化特征。

（1）从 2008 年开始，珠海与粤港澳大湾区其他城市每年均有合作申请专利。

（2）合作申请专利数在波动中呈增长趋势，趋势线拟合指数 R^2 为 0.6313，年均增长率为 129.90%，年均合作申请专利数为 37.40 项。

（3）从 2016 年开始，合作申请专利数量呈现快速增长。2016 年达到 125 项，2017 年达到 149 项，远超过其他年份，这两年合作申请专利

① 粤港澳大湾区——珠海［EB/OL］.（2019-05-16）［2019-10-06］. http://www.cnbayarea.org.cn/city/index.html.

数占总合作申请专利数375项的73.07%。

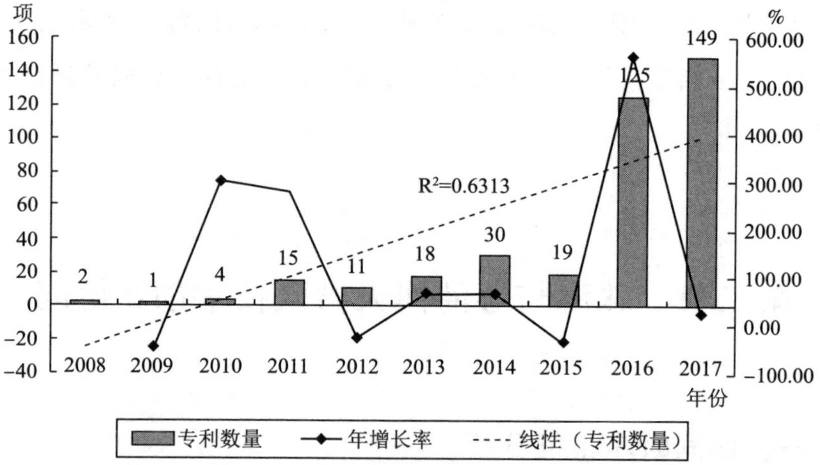

图4－2　2008—2017年珠海与粤港澳大湾区其他城市合作申请专利变化特征

（4）分析发现，2016—2017年珠海与深圳合作申请专利共147项，占这两年合作申请专利274项的53.65%。2015年10月28日，中国科学院深圳先进技术研究院与珠海市签订战略合作协议，正式建立战略合作关系，促进了两地的技术创新协同合作。建荣集成电路科技（珠海）有限公司、建荣半导体（深圳）有限公司等集团企业在联结珠海与深圳之间的技术创新协同中也发挥着重要作用。两年里合作申请专利共65项，占两地与粤港澳大湾区其他城市合作申请专利数274项的23.72%。

二、协同区域特征分析

表4－1反映了珠海与粤港澳大湾区其他城市合作申请专利区域分布特征。

表 4－1　珠海与粤港澳大湾区其他城市合作申请专利区域分布特征

项目	深圳	广州	中山	佛山	香港	澳门	江门	东莞	合计
项数/项	169	120	66	13	2	2	2	1	375
占比/%	45.07	32.00	17.60	3.47	0.53	0.53	0.53	0.27	100.00

（1）珠海与除惠州、肇庆外的粤港澳大湾区 8 个城市建立了合作申请专利技术创新协同关系，平均合作申请专利数为 46.88 项。

（2）珠海与深圳合作申请专利项数最多，为 169 项，以较大优势占合作申请专利总数 375 项的 45.07%；与广州合作申请专利数为 120 项，占比 32.00%；与中山合作申请专利数为 66 项，占比 17.60%。与香港、澳门、东莞、江门和佛山合作申请专利共 20 项，占比 5.33%。

（3）从技术创新协同强度来看，珠海与深圳、广州的技术创新协同合作关系较为紧密，这三个城市分别位于珠三角西部、东部和北部的重要位置，经济实力雄厚，科技发展水平高，科技创新实力强，从而建立了较为紧密的技术创新协同关系。在粤港澳大湾区规划建设的时代背景下，三市进一步推动区域科技、经济一体化，带领粤港澳大湾区经济及科技发展。

三、协同技术领域特征分析

表 4－2 反映了珠海与粤港澳大湾区其他城市合作申请专利技术领域分布特征。

（1）从分类号（部）来看，珠海与粤港澳大湾区其他城市合作申请专利涉及除 D 部（纺织；造纸）外的 7 个学部。

（2）从技术领域来看，合作申请专利涉及除“微观结构技术、纳米技术”“组合技术”“纺织或未列入其他类的柔性材料”“造纸”“土层或岩石的钻进；采矿”和“核子学”外的 15 个技术领域。

（3）“仪器”领域合作申请专利最多，为 134 项，占合作申请专利总数 375 项的 35.73%；“电学”领域为 112 项，占比 29.87%。二者为绝对优势技术领域。“化学”领域为 40 项，占比 10.67%，为优势技术领域。“成型”领域为 16 项，占比 4.27%；“发动机或泵”领域为 14 项，占比 3.73%；“食品；烟草”和“个人或家用物品”各为 12 项，各占比 3.20%，为相对优势技术领域。其他技术领域共有合作申请专利 26 项，占比 6.93%，为弱势技术领域。

（4）分析发现，《珠江三角洲地区改革发展规划纲要（2008—2020 年）》提出构建现代产业体系，如加快发展先进制造业、大力发展高技术产业等，促进了珠海“仪器”“电学”“化学”等领域的产业发展。但是珠海在改造提升优势传统产业、积极发展现代农业等技术创新协同方面仍需做出更大努力。①

表 4－2　珠海与粤港澳大湾区其他城市合作申请专利技术领域分布特征

分类号（部）	技术领域	项数/项	占比/%
A 部：人类生活必需	农业	2	0.53
	食品；烟草	12	3.20
	个人或家用物品	12	3.20
	保健；救生；娱乐	8	2.13
B 部：作业；运输	分离；混合	1	0.27
	成型	16	4.27
	印刷	3	0.80
	交通运输	9	2.40
C 部：化学；冶金	化学	40	10.67
	冶金	1	0.27

① 国家发展和改革委员会．珠江三角洲地区改革发展规划纲要（2008—2020 年）[EB/OL].（2009－01－08）[2019－06－06].http://politics.people.com.cn/GB/1026/8644751.html.

续表

分类号（部）	技术领域	项数/项	占比/%
E部：固定建筑物	建筑	3	0.80
F部：机械工程；照明；加热；武器；爆破	发动机或泵	14	3.73
	照明；加热	8	2.13
G部：物理	仪器	134	35.73
H部：电学	电学	112	29.87
合计		375	100.00

四、协同主体特征分析

表4－3反映了珠海与粤港澳大湾区其他城市协同主体合作申请专利数量特征。

（1）从珠海的协同主体数来看，协同主体总数为61个。其中，高新技术企业协同主体数量为21个，占比34.43%，民营企业协同主体数量为17个，占比27.87%。这两种类型主体数量占主体总数量的62.30%，在珠海与粤港澳大湾区其他城市技术创新协同中发挥着主导作用。

（2）从珠海的协同主体合作申请专利数来看，外资企业合作申请专利143项，占珠海合作申请专利总数375项的38.13%；高新技术企业为118项，占比31.47%；国有企业为61项，占比16.27%。可见，外资企业、高新技术企业、国有企业在珠海与粤港澳大湾区其他城市技术创新协同中发挥着重要作用。

（3）从珠海的平均合作申请专利数来看，每个协同主体平均合作申请专利数为6.15项。外资企业为20.43项、国有企业为10.17项、高新技术企业为5.62项，说明珠海外资企业、国有企业、高新技术企业与粤港澳大湾区其他城市技术创新协同强度较大。

（4）从其他城市的协同主体数来看，协同主体总数为61个。其中，民营企业最多，为22个，占比36.07%；高新技术企业10个，占比16.39%；高校9个，占比14.75%。

（5）从其他城市的协同主体合作申请专利数来看，外资企业136项，占比36.27%；民营企业103项，占比27.47%；高新技术企业94项，占比25.07%。可见，外资企业、民营企业、高新技术企业是粤港澳大湾区其他城市与珠海开展技术创新协同的主导力量。

（6）从其他城市的平均合作申请专利数来看，每个协同主体平均合作申请专利数为6.15项。外资企业为27.20项、高新技术企业为9.40项、民营企业为4.68项，说明粤港澳大湾区其他城市的外资企业、高新技术企业、民营企业与珠海的技术创新协同强度较大。

表4-3 珠海与粤港澳大湾区其他城市协同主体合作申请专利数量特征

类别		高校	科研机构	国有企业	民营企业	高新技术企业	中外合资企业	外资企业	个人及其他社会组织	合计
珠海	协同主体数/个	1	3	6	17	21	6	7	0	61
	合作专利数/项	2	9	61	35	118	7	143	0	375
	平均专利数/项	2.00	3.00	10.17	2.06	5.62	1.17	20.43	0.00	6.15
其他城市	协同主体数/个	9	5	5	22	10	4	5	1	61
	合作专利数/项	20	8	7	103	94	6	136	1	375
	平均专利数/项	2.22	1.60	1.40	4.68	9.40	1.50	27.20	1.00	6.15

另外分析发现，在经济全球化背景下，珠海作为经济特区、改革开放以来中国率先承接外资企业进驻的门户，外资企业在珠海的技术创新发展中起到了重要作用，促进了珠海市经济的规模发展。① 外资企业自2015年以来，合作申请专利数量呈快速增长态势。2015—2017年，珠

① 徐瑞．不一样的发展道路：珠海外资企业转型升级研究［J］．商业现代化，2016（2）：121-122.

海外资企业合作专利申请数量的大幅增加，主要来源于建荣集成电路科技（珠海）有限公司和珠海煌荣集成电路科技有限公司的贡献。建荣集成电路科技（珠海）有限公司成立于2003年，在来自美国、中国香港和内地的经营管理团队的引领下，公司现已拥有世界前沿的集成电路设计技术，以及适合自身发展的高科技管理模式。在这种模式下，建荣集成重视科技发明、技术创新。2016年和2017年，建荣集成电路科技（珠海）有限公司和珠海煌荣集成电路科技有限公司与粤港澳大湾区其他城市合作申请专利共130项，反映了外资企业在促进珠海区域协同技术创新中的重要作用。

五、协同有效专利特征分析

珠海与粤港澳大湾区其他城市有效合作专利共有66项，占合作申请专利总数375项的17.60%。图4－3反映了珠海与粤港澳大湾区其他城市合作申请有效专利特征。

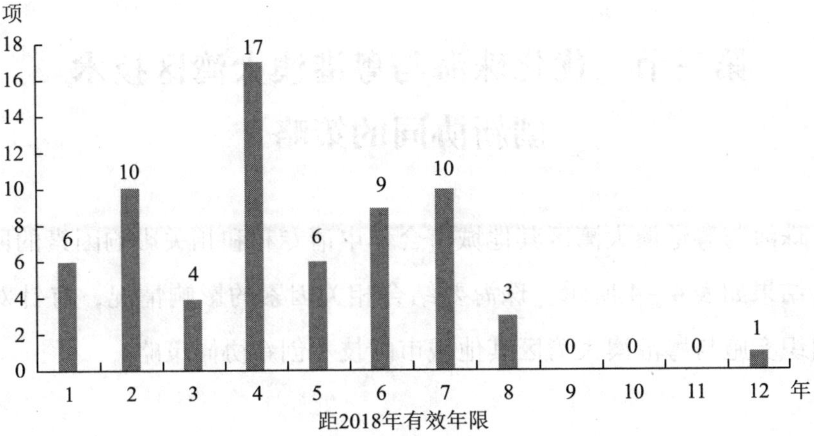

图4－3　珠海与粤港澳大湾区其他城市合作申请有效专利特征

（1）有效年限在10年及以上的专利仅有1项，占有效合作专利总数的1.52%。

（2）有效年限在5～9年的专利有28项，占比42.42%。

（3）有效年限在5年以下的专利有37项，占比56.06%。

六、协同专利技术转移特征分析

珠海与粤港澳大湾区其他城市合作申请专利中，共有6项专利实现了技术转移，其中2013年、2014年和2017年分别获转移专利1项、3项和2项，仅占合作申请专利总数375项的1.60%。与相关研究结果（约10.00%）相比，科技成果转化率较低。[①] 这说明珠海与粤港澳大湾区其他城市合作申请专利技术创新核心技术含量和市场价值有待进一步提升，合作专利技术转移仍未得到足够的重视，技术转移仍具有较大的发展潜力。

第三节　优化珠海与粤港澳大湾区技术创新协同的策略

珠海与粤港澳大湾区其他城市合作申请专利和相关影响因素的回归分析结果如表4－4所示。珠海要结合相关因素的影响情况，有针对性地组织实施与粤港澳大湾区其他城市的技术创新协同策略。

① 文剑英．科技成果转化的理性思考［J］．科研管理，2019，40（5）：175－181.

表4-4 珠海与粤港澳大湾区其他城市合作申请专利和相关影响因素的回归分析结果

指标	本地生产总值	申请国家发明专利数量	研究与试验发展（R&D）经费投入数量	研究与试验发展（R&D）人员投入数量	邮电（邮政电信）业务总量	高新技术企业数	交通距离
皮尔逊相关性	0.682*	0.841**	0.609*	0.622*	0.493	0.825**	-0.011
显著性（双尾）	0.010	0.000	0.027	0.023	0.087	0.001	0.975

注：**表示在0.01级别（双尾）相关性显著；*表示在0.05级别（双尾）相关性显著。

一、更好地发挥技术创新在经济发展中的“第一动力”作用

表4-4结果显示，珠海与粤港澳大湾区其他城市合作申请专利和本地生产总值之间的皮尔逊相关性指数为0.682，显著性（双尾）检验值为0.010，相关系数显著性水平在0.05以下，说明技术创新协同水平与经济发展水平之间存在正向相关性；同研究与试验发展（R&D）经费投入数量的皮尔逊相关性指数为0.609，显著性（双尾）检验值为0.027，相关系数显著性水平在0.05以下，说明技术创新协同水平与R&D经费投入水平之间存在正向相关性。2018年，珠海全社会研发投入占地区生产总值的比重为2.90%，高新技术产品产值占规模以上工业总产值的比重为56.03%，每万人有效发明专利拥有量为46.37件，上述指标均居全省第2①；珠海魅族科技及亿胜生物制药参与项目获2018年度国家科学技术进步奖二等奖，成为珠海深入实施创新驱动发展战略的一个缩影。② 而技术创新是区域经济发展、产业转型升级的重

① 吴志远，何丽苑．珠海科技创新大会召开，打造广东创新“第三极”［EB/OL］．（2018-06-21）［2019-11-02］．http://zh.southcn.com/content/2018-06/21/content_182305496.htm.

② 胡钰衔，吴志远．珠海多方面重点发力科技创新［EB/OL］．（2019-01-22）［2019-11-02］．http://tech.southcn.com/t/2019-01/22/content_184923442.htm.

要促进因素，担负着聚集创新资源、培育新兴产业、推动城市发展等重要使命，是经济社会发展的“第一动力”。因此，珠海要充分发挥技术创新“第一动力”作用，加速集聚、重点发展新一代信息技术、数字经济、生物医药产业，大力培育高端装备制造业、新材料、新能源、绿色低碳产业，做强、做大战略性新兴产业①，使技术创新和经济发展形成良性互动，加快抢占粤港澳大湾区建设发展的创新高地。

二、注重基础研究和应用基础研究，提高创新技术储备水平

表4－4结果显示，珠海与粤港澳大湾区其他城市合作申请专利和申请国家发明专利数量之间的皮尔逊相关性指数为0.841，显著性（双尾）检验值为0.000，相关系数显著性水平在0.01以下，说明技术创新协同水平与技术创新发展水平之间存在显著的正向相关性。2017年，珠海申请发明专利7769项，在珠三角九市中位列第7，仅优于江门和肇庆，是广东182639项的4.25%以及深圳60258项的12.89%、广州36941项的21.03%、佛山25899项的30.00%、东莞20402项的38.08%。② 从中可以看出，珠海在基础研究和应用基础研究方面比较薄弱，导致原始创新、技术创新水平相对于粤港澳大湾区其他城市更低。因此，珠海要在基础研究和应用基础研究方面加大力度，提高技术创新储备水平，使其成为珠海创新驱动发展的重点突破方向；注重发挥南方海洋科学与工程广东省实验室（珠海）、“天琴计划”、“南海国家实验室”、“中山一号”万吨级海洋科考船等重大科研项目的原始创新

① 胡钰衎，吴志远．珠海多方面重点发力科技创新［EB/OL］．（2019－01－22）［2019－11－02］．http://tech.southcn.com/t/2019－01/22/content_184923442.htm.

② 广东省统计局．广东统计年鉴（2018）［EB/OL］．（2018－10－29）［2019－11－02］．http://stats.gd.gov.cn/gdtjnj/content/post_1424903.html.

作用，提升突破重点领域关键核心技术储备水平和城市发展实力。

三、优化技术创新环境，大力集聚技术创新人才

表4-4结果显示，珠海与粤港澳大湾区其他城市合作申请专利和研究与试验发展（R&D）人员投入数量之间的皮尔逊相关性指数为0.622，显著性（双尾）检验值为0.023，相关系数显著性水平在0.05以下，说明技术创新协同水平与R&D人力投入水平之间存在显著的正向相关性。发展中的珠海比以往任何时候都更需要人才，珠海一定能为海内外英才提供施展抱负、实现梦想的广阔舞台，也一定会在广纳英才、创新发展的道路上阔步前行。因此，在粤港澳大湾区建设背景下，珠海应该围绕重点发展的战略性新兴产业和未来产业，发挥“中国横琴科技创业大赛”等重要平台的宣传效应，通过“珠海英才计划”等形式大力优化配套资助、住房补贴、科研启动等人才引进政策，加快建设国际人才集聚区，在创新创业、城市建设、公共服务等方面为中青年人才特别是“90后”人才量身打造最优环境，进一步打破人才流动障碍，形成创新人才集聚、创新活力迸发的“强磁场”。[①]

四、不断壮大创新主体规模，增强企业在技术创新中的核心作用

表4-4结果显示，珠海与粤港澳大湾区其他城市合作申请专利和高新技术企业数之间的皮尔逊相关性指数为0.825，显著性（双尾）检验值为0.001，相关系数显著性水平在0.01以下，说明技术创新协同水

① 胡钰衔，吴志远．珠海多方面重点发力科技创新［EB/OL］.（2019-01-22）［2019-11-02］. http://tech.southcn.com/t/2019-01/22/content_184923442.htm.

平与高新技术发展水平之间存在显著的正向相关性。2017 年，珠海有 835 家企业通过高新技术企业认定，高新技术企业总数量达 1478 家，同比增幅 87.80%，高新技术企业数量占规模以上工业企业数量比重约 66.32%。[①] 但从全省范围来看，珠海的创新主体从规模到科技创新能力，与广州、深圳等标杆城市相比还有一定的差距。因此，珠海应不断壮大创新主体数量规模，同时增强企业在技术创新中的核心作用。一要加快引进优质项目的步伐，瞄准国内外最具成长潜力、最具投资价值、最具创新力企业，开展精准招商，引进一批龙头旗舰企业和“以一博十”的高成长性项目[②]；二要加快珠海横琴新区澳科大珠海研究院（总部）、中药质量研究国家重点实验室（分部）及月球与行星科学国家重点实验室（分部）、复旦创新研究院、横琴科学城、清华科技园二期和智慧产业园先导区建设。

五、发挥毗邻澳门优势，发挥跨境技术创新协同发展示范效应

表 4 – 4 结果显示，珠海与粤港澳大湾区其他城市合作申请专利和邮电（邮政电信）业务总量之间的皮尔逊相关性指数为 0.493，显著性（双尾）检验值为 0.087，相关系数显著性水平在 0.05 以上，说明技术创新协同水平与信息流通水平之间的相关性不明显。珠海与粤港澳大湾区其他城市合作申请专利和交通距离的皮尔逊相关性指数为 – 0.011，显著性（双尾）检验值为 0.975，相关系数显著性水平在 0.05 以上，

① 珠海市统计局．珠海市 2017 年国民经济和社会发展统计公报［EB/OL］．（2018 – 04 – 17）［2019 – 09 – 02］．http://www.tjcn.org/tjgb/19gd/35443_10.html.

② 吴志远，何丽苑．珠海科技创新大会召开，打造广东创新“第三极”［EB/OL］．（2018 – 06 – 21）［2019 – 11 – 02］．http://zh.southcn.com/content/2018 – 06/21/content_182305496.htm.

说明技术创新协同水平与地理距离之间存在负向相关性，但不显著。2019 年，珠海市政府与澳门科技大学正式签署框架合作协议，横琴新区管委会与澳门大学签署合作协议，横琴新区“粤澳青年创新创业基地”暨横琴澳门青年创业服务中心揭牌，香港中文大学珠海创新创业基地落户珠海高新区。因此，珠海要充分发挥毗邻澳门的地缘优势，深化珠澳科技创新合作，发挥跨境技术创新合作对接“广州—深圳—香港—澳门”科技创新走廊建设和粤港澳大湾区建设的示范效应，积极开展粤港澳科技创新政策先行先试，包括营造适合科技与资本相结合的产业和市场环境，探索建立与港澳相衔接的科技金融服务体系等。①

第四节　小结

2019 年，珠海高新技术企业数量超过 2000 家，比 2015 年增长了 4 倍多；全市研发经费支出占地区生产总值比重、每万人口发明专利拥有量、科技进步贡献率三项指标均位居广东省第 2；全市财政科技支出 46 亿元，在珠三角九市中排名第 3；珠海格力电器股份有限公司，平均每天有超过 30 项专利诞生。② 近年来，珠海科技创新，特别是技术创新发展势头良好。但与其他创新资源高度集中的城市相比，珠海的科技创新质量和效率仍存在差距；在与港澳技术创新协同方面，珠海还面临着因与港澳制度和政策存在差异导致的障碍。

因此，珠海应更好地发挥技术创新在经济发展中的“第一动力”作用，注重基础研究和应用基础研究，增强创新技术储备水平，优化技

①② 沈梦怡，刘艳婷．珠海联手港澳打造跨境科技创新“试验田”[EB/OL]．(2019 - 06 - 25) [2019 - 09 - 16]. http://economy.southcn.com/e/2019 - 06/25/content_188100663.htm.

术创新环境，大力集聚技术创新人才，不断壮大创新主体规模，增强企业在技术创新中的核心作用，发挥毗邻澳门的优势，发挥跨境技术创新协同发展示范效应。

第五章 佛山与粤港澳大湾区技术创新协同研究

第一节 佛山及其技术创新发展概况

一、佛山区位及其优势

佛山，简称“禅”，总面积为3797.72平方千米，位于广东省中部，地处珠三角腹地，毗邻港澳，东接广州，南邻中山，与广州共同构成“广佛都市圈”，是“粤港澳大湾区”“珠江—西江经济带”的重要组成部分。① 2018年，佛山常住人口为790.57万人，全市地区生产总值为9935.88亿元。②

佛山是中国重要的制造业基地、全国先进制造业基地、广东省重要的制造业中心、国家历史文化名城、珠三角地区西翼经贸中心和综合交通枢纽，是“广佛都市圈”“广佛肇经济圈”“珠江—西江经济带”的重要组成部分，在广东省经济发展中处于领先地位。2018年，佛山在

① 城市概况［EB/OL］.（2009－01－06）［2019－09－06］. http://www.foshan.gov.cn/zjfs/fsgl/csgk/.

② 佛山市统计局．佛山市2018年国民经济和社会发展统计公报［EB/OL］.（2009－04－29）［2019－09－06］. http://www.tjcn.org/tjgb/19gd/36003.html.

中国城市创新竞争力排名中列第 19 位①，在中国城市科技创新发展指数排名中列第 32 位②；2019 年，佛山进入中国人工智能产业发展潜力城市 20 强。③

佛山坚持制造业立市、制造业兴市，是中央财经委员会及国家发展和改革委员会确定的全国唯一的制造业转型升级综合改革试点城市。佛山工业体系较为健全，涵盖了几乎所有制造业行业，家电、家具、陶瓷、机械装备、金属加工等传统行业优势突出，光电、新材料、生物制药、机器人、新能源汽车等新兴产业蓬勃发展。佛山正着力建设中国制造业一线城市，大力发展现代优势产业集群，力争通过若干年努力，把智能装备及机器人、智能家电、新能源汽车等产业打造成世界级的先进制造业集群。④

二、佛山专利技术创新发展特征

在技术创新方面，佛山强化政产学研协同创新，建设广东国防科技工业技术成果产业化应用推广中心、广工大数控装备协同创新研究院、佛山智能装备技术研究院等新型研发机构，启动先进制造科学与技术广东省实验室，已获批国家知识产权示范城市、国家知识产权服务业集聚

---

① 2018 年中国城市创新竞争力排名出炉：京沪深居前三位 [EB/OL].（2018 - 11 - 21）[2019 - 09 - 06]. http://finance.sina.com.cn/stock/hkstock/ggscyd/2018 - 11 - 21/doc - ihmutuec2361372.shtml.

② 王明月.《中国城市科技创新发展报告 2018》发布 北京科创发展水平居首 [EB/OL].（2018 - 12 - 08）[2019 - 08 - 12]. http://finance.cnr.cn/gundong/20181208/t20181208_524443945.shtml.

③ 中国人工智能产业发展潜力城市 20 强榜单公布 [EB/OL].（2019 - 08 - 09）[2019 - 09 - 06]. http://capital.people.com.cn/n1/2019/0809/c405954 - 31286648.html.

④ 城市概况 [EB/OL].（2009 - 01 - 06）[2019 - 09 - 06]. http://www.foshan.gov.cn/zjfs/fsgl/csgk/.

发展试验区，全国首批、全省唯一的中国（佛山）知识产权保护中心。①

图5－1反映了2000—2017年佛山申请国家发明专利变化特征。

（1）2000—2017年，佛山在国家知识产权局共申请发明专利82859项。

（2）除2007年外，申请专利项数呈逐年增长趋势，趋势线拟合指数 R^2 为0.5995，年均申请项数为4603.28项。

（3）从年增长率来看，波动较大，平均值为55.70%；2005年及之前年均增长率相对较大，为102.75%；2006—2017年年均增长率相对较小，为32.17%。

（4）从申请项数来看，2005年首次突破1000项；2013—2017年，申请项数从4674项增长至25899项，年均增幅超过53.76%。这说明从2013年开始，"一带一路"倡议和粤港澳大湾区建设的逐步实施，带动了佛山专利技术创新的快速发展。

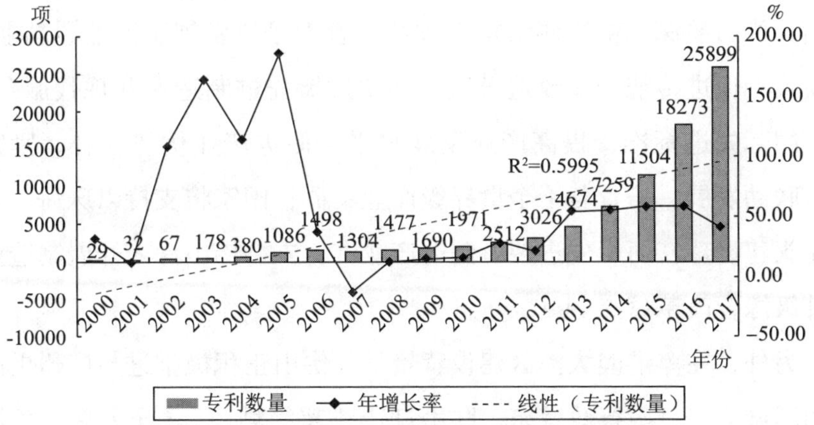

图5－1　2000—2017年佛山申请国家发明专利变化特征

① 城市概况［EB/OL］.（2009－01－06）［2019－09－06］. http://www.foshan.gov.cn/zjfs/fsgl/csgk/.

三、佛山在粤港澳大湾区的技术创新发展定位

根据《规划纲要》，佛山是粤港澳大湾区建设的重要节点城市之一。佛山在粤港澳大湾区中的总体定位是：充分发挥自身优势，深化改革创新，增强城市综合实力，形成特色鲜明、功能互补，具有竞争力的重要节点城市；增强发展的协调性，强化与中心城市的互动合作，带动周边特色城镇发展，共同提升城市群发展质量。在“建设国际科技创新中心”方面，佛山要深入实施创新驱动发展战略，深化粤港澳创新合作，构建开放型融合发展的区域协同创新共同体，集聚国际创新资源，优化创新制度和政策环境，着力提升科技成果转化能力，建设全球科技创新高地和新兴产业重要策源地，可以依托粤港、粤澳及泛珠三角区域知识产权合作机制，全面加强粤港澳大湾区在知识产权保护、专业人才培养等领域的合作。在“构建具有国际竞争力的现代产业体系”方面，佛山要深化供给侧结构性改革，着力培育发展新产业、新业态、新模式，促进传统产业改造升级，加快发展先进制造业和现代服务业，瞄准国际先进标准，提高产业发展水平，促进产业优势互补、紧密协作、联动发展，培育若干个世界级产业集群；国家将支持以珠海、佛山为龙头建设珠江西岸先进装备制造产业带，支持佛山深入开展制造业转型升级综合改革试点。①

另外，在粤港澳大湾区建设背景下，佛山正积极推进与广州更高层次的同城化，打破行政壁垒，联手打造“超级城市”。作为珠三角城市群核心区，广州、佛山产业互补性强、空间紧密、文化相通、人员往来密集，全面深化新一轮广佛合作有利于两市共同推动粤港澳大湾区建

① 中共中央，国务院．粤港澳大湾区发展规划纲要［EB/OL］．（2019－02－18）［2019－03－06］．http://www.locpg.gov.cn/jsdt/2019－02/18/c_1210062255.htm.

设，提升整体实力和全球影响力。例如，利用靠近广州的佛山金融高新区等优势，佛山主动对接粤港澳大湾区资源，加快将三山片区打造成为粤港澳青年创新创业热土，积极落实“香港 + 佛山”合作机制，发挥香港“超级联系人”作用，不断丰富“香港 + 佛山”合作内涵，提升佛山企业参与全球竞争的能力。[①]

第二节　佛山与粤港澳大湾区技术创新协同

一、协同时序特征分析

佛山从 2003 年开始与粤港澳大湾区其他城市合作申请专利，共有合作申请专利 389 项，其中 2003 年和 2004 年各 1 项，2005 年 2 项，2007—2017 年 385 项。

图 5 - 2 反映了 2007—2017 年佛山与粤港澳大湾区其他城市合作申请专利变化特征。

（1）从 2007 年开始，佛山与粤港澳大湾区其他城市形成了每年均有合作申请专利的技术创新协同关系。

（2）合作申请专利数在波动中呈增长趋势，趋势线拟合指数 R^2 为 0.6890，年均增长率为 95.70%，年均合作申请专利数为 35 项。

（3）从项数和年增长率来看，均出现了较大幅度的波动，说明佛山与粤港澳大湾区其他城市还没有形成稳定的专利技术创新协同关系。

（4）分析发现，2012 年、2016 年和 2017 年，佛山与广州合作申请

---

① 粤港澳大湾区——佛山［EB/OL］.（2019 - 05 - 16）［2019 - 06 - 06］. http://www.cnbayarea.org.cn/city/index.html.

专利数达125项，占这3年佛山总合作申请专利数236项的52.97%。其中，广东工业大学在佛山市与广州市之间发挥着重要作用，3年合作申请专利共35项，占这3年两市与粤港澳大湾区其他城市合作申请专利的14.83%；中山大学在两城市技术创新合作联系中发挥着重要作用，3年中参与合作申请专利共11项。

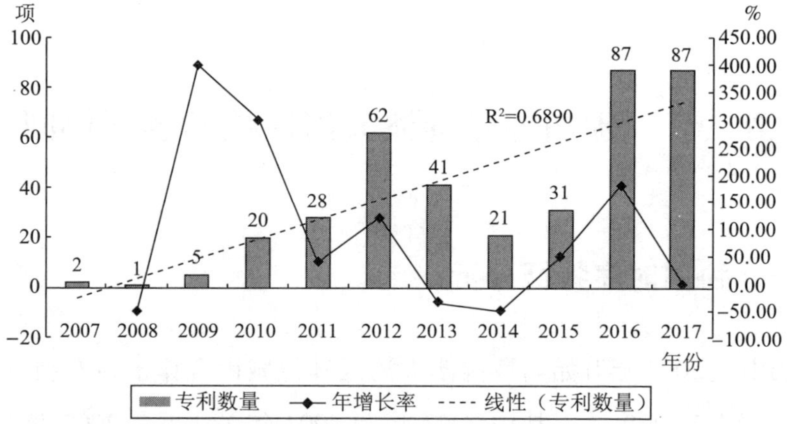

图5－2　2007—2017年佛山与粤港澳大湾区其他城市合作申请专利变化特征

二、协同区域特征分析

表5－1反映了佛山与粤港澳大湾区其他城市合作申请专利区域分布特征。

表5－1　佛山与粤港澳大湾区其他城市合作申请专利区域分布特征

项目	广州	深圳	东莞	江门	肇庆	珠海	香港	中山	合计
项数/项	199	76	40	28	16	13	10	7	389
占比/%	51.16	19.54	10.28	7.20	4.11	3.34	2.57	1.80	100.00

（1）佛山与除澳门和惠州外的8个粤港澳大湾区城市建立了合作申请专利技术创新协同关系。

（2）佛山与粤港澳大湾区其他城市合作申请专利平均项数为48.63项。

（3）佛山与广州合作申请专利项数最多，为199项，占合作申请专利总数389项的51.16%；与深圳、东莞、江门、肇庆、珠海、香港和中山合作申请专利共190项，占比48.84%。

（4）广州、佛山、肇庆是三个山水相连的城市，由“广佛同城化”催生的“广佛肇”一体化经济圈开创了广东经济发展的新实践。[①] 但是，广、佛、肇专利技术创新协同的优势并没有形成，如佛山与肇庆仅合作申请专利16项，占比4.11%。

三、协同技术领域特征分析

表5－2反映了佛山与粤港澳大湾区其他城市合作申请专利技术领域分布特征。

表5－2　佛山与粤港澳大湾区其他城市合作申请专利技术领域分布特征

分类号（部）	技术领域	项数/项	占比/%
A部：人类生活必需	农业	4	1.03
	食品；烟草	69	17.74
	个人或家用物品	3	0.77
	保健；救生；娱乐	11	2.83
B部：作业；运输	分离；混合	15	3.86
	成型	27	6.94
	印刷	3	0.77
	交通运输	10	2.57

① 广佛肇都市圈［EB/OL］.（2012－09－15）［2019－03－06］. https：//baike. baidu. com/item/%E5%B9%BF%E4%BD%9B%E8%82%87%E7%BB%8F%E6%B5%8E%E5%9C%88/9099097？fr＝aladdin.

续表

分类号（部）	技术领域	项数/项	占比/%
C 部：化学；冶金	化学	45	11.57
	冶金	14	3.60
D 部：纺织；造纸	纺织或未列入其他类的柔性材料	9	2.31%
	造纸	1	0.26
E 部：固定建筑物	建筑	19	4.88
F 部：机械工程；照明；加热；武器；爆破	发动机或泵	6	1.54
	照明；加热	31	7.97
G 部：物理	仪器	44	11.31
H 部：电学	电学	78	20.05
合计		389	100.00

（1）从分类号（部）来看，佛山与粤港澳大湾区其他城市合作申请专利技术分布在 8 个学部。

（2）从技术领域来看，专利技术分布在除“微观结构技术；纳米技术”“组合技术”“土层或岩石的钻进；采矿”“核子学”外的 17 个技术领域。

（3）“电学”领域合作申请专利最多，为 78 项，占合作申请专利总数 389 项的 20.05%，“食品；烟草”领域合作申请专利 69 项，占比 17.74%。这两个领域合作申请专利比例均超过 15%，为绝对优势技术领域。

（4）“化学”和“仪器”领域分别合作申请专利 45 项和 44 项，分别占比 11.57% 和 11.31%，为优势技术领域。

（5）“照明；加热”和“成型”领域分别合作申请专利 31 项和 27 项，分别占比 7.97% 和 6.94%，为相对优势技术领域。

（6）其他技术领域共合作申请专利 95 项，占比 24.42%，为弱势技术领域。

四、协同主体特征分析

表5－3反映了佛山与粤港澳大湾区其他城市协同主体合作申请专利数量特征。

表5－3　佛山与粤港澳大湾区其他城市协同主体合作申请专利数量特征

城市	类别	高校	科研机构	国有企业	民营企业	高新技术企业	中外合资企业	外资企业	小计
佛山	协同主体数/个	2	6	6	37	21	6	4	82
	合作专利数/项	6	37	16	182	119	11	18	389
	平均专利数/项	3.00	6.17	2.67	4.92	5.67	1.83	4.50	4.74
其他城市	协同主体数/个	11	11	5	43	23	4	10	107
	合作专利数/项	84	16	6	151	78	7	47	389
	平均专利数/项	7.64	1.45	1.20	3.51	3.39	1.75	4.70	3.64

（1）从佛山的协同主体数来看，民营企业协同主体数量最多，为37个，占协同主体总数82个的45.12%；高新技术企业数量为21个，占比25.61%。其他类型主体数量均不超过10个，共24个，占协同主体总数的29.27%。

（2）从佛山的协同主体合作申请专利数来看，民营企业参与合作申请专利数量最多，为182项，占合作申请专利总数389项的46.79%；高新技术企业参与合作申请专利119项，占比30.59%。其他类型协同主体参与合作申请专利数量均不超过40项，共88项，占比22.62%。可见，民营企业、高新技术企业在佛山与粤港澳大湾区其他城市技术创新协同中发挥着主导作用。

（3）从佛山的平均合作申请专利数来看，每个协同主体平均合作申请专利数为4.74项。科研机构合作强度最大，为6.17项；高新技术企业为5.67项；民营企业为4.92项；外资企业为4.50项；高校为

3.00 项；其他类型协同主体均不超过 3.00 项。这说明佛山科研机构、高新技术企业、民营企业、外资企业和高校与粤港澳大湾区其他城市技术创新协同强度较大。

（4）从其他城市的协同主体数来看，民营企业 43 个、高新技术企业 23 个，分别占协同主体总数量 107 个的 40.19%、21.50%。其他类型协同主体共 41 个，占比 38.32%。

（5）从其他城市的协同主体合作申请专利数来看，民营企业 151 项、高校 84 项、高新技术企业 78 项，分别占合作申请专利总数 389 项的 38.82%、21.59%、20.05%。可见，民营企业、高校、高新技术企业是粤港澳大湾区其他城市与佛山开展技术创新协同的主导力量。

（6）从其他城市的平均合作申请专利数来看，每个协同主体平均合作申请专利数为 3.64 项。高校为 7.64 项，外资企业为 4.70 项，民营企业为 3.51 项，高新技术企业为 3.39 项，说明粤港澳大湾区其他城市的高校、外资企业、民营企业和高新技术企业与佛山的技术创新协同强度较大。

（7）分析发现，佛山与粤港澳大湾区其他城市合作申请专利的集中度较高。佛山市海航饲料有限公司与东莞市海大饲料有限公司、广东海大集团股份有限公司、广州市番禺区大川饲料有限公司、江门海大饲料有限公司等分别合作申请专利 18 项。与佛山主体合作申请专利数量超过 20 项的有广东工业大学（39 项）、深圳市宏丰光城电子有限公司东莞分公司（36 项）、广州华凌制冷设备有限公司（22 项）、中山大学（21 项）。

五、协同有效专利特征分析

佛山与粤港澳大湾区其他城市有效合作专利共有 39 项，占合作申请专利总数 389 项的 10.03%。图 5－3 反映了佛山与粤港澳大湾区其他城市合作申请有效专利特征。

（1）有效年限最长的 14 年；在 10 年及以上的专利共 3 项，占有效合作专利总数 39 项的 7.69%。

（2）有效年限在 5～9 年的合作申请专利有 23 项，占比 58.97%。

（3）有效年限在 5 年以下的专利有 13 项，占比 33.33%。

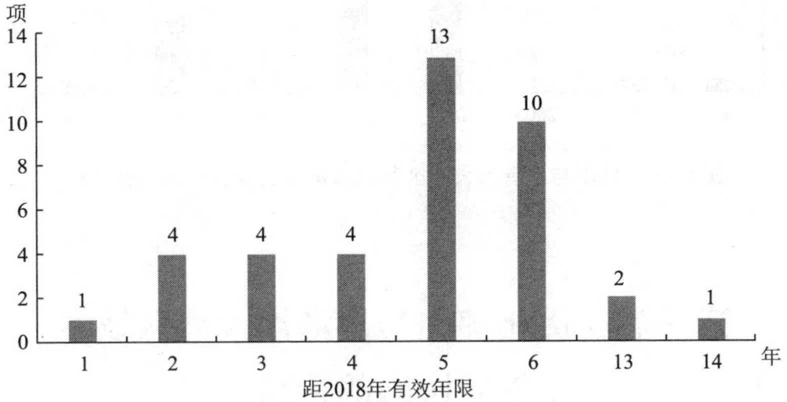

图 5－3　佛山与粤港澳大湾区其他城市合作申请有效专利特征

六、协同专利技术转移特征分析

佛山与粤港澳大湾区其他城市合作申请专利中，共有 52 项专利实现了技术转移，占合作申请专利总数 389 项的 13.37%，与相关研究结果（约 10.00%）相比，科技成果转化率较高。①

图 5－4 反映了佛山与粤港澳大湾区其他城市协同专利技术转移特征。从图 5－4 中可以看出，转移合作申请专利技术的年份不连续，呈抛物线状分布；2012 年转移专利技术数量最多，为 25 项，占比

① 文剑英. 科技成果转化的理性思考［J］. 科研管理，2019，40（5）：175－181.

48.08%；其次是2013年，为15项，占比28.85%。

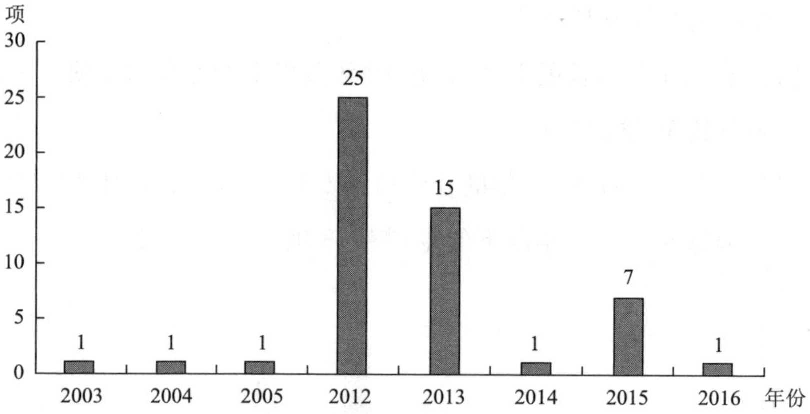

图5-4　佛山与粤港澳大湾区其他城市协同专利技术转移特征

第三节　优化佛山与粤港澳大湾区技术创新协同的策略

佛山与粤港澳大湾区其他城市合作申请专利和相关影响因素的回归分析结果如表5-4所示。佛山要结合相关因素的影响情况，有针对性地组织实施与粤港澳大湾区其他城市的技术创新协同策略。

表5-4　佛山与粤港澳大湾区其他城市合作申请专利和相关影响因素的回归分析结果

指标	本地生产总值	申请国家发明专利数量	研究与试验发展（R&D）经费投入数量	研究与试验发展（R&D）人员投入数量	邮电（邮政电信）业务总量	高新技术企业数	交通距离
皮尔逊相关性	0.836**	0.842**	0.848**	0.850**	0.509	0.825**	-0.016
显著性（双尾）	0.000	0.000	0.000	0.000	0.053	0.000	0.879

注：**表示在0.01级别（双尾）相关性显著。

一、提高研究与试验发展（R&D）经费投入水平，发挥民营经济在技术创新发展中的带动作用

表5－4结果显示，佛山与粤港澳大湾区其他城市合作申请专利和本地生产总值之间的皮尔逊相关性指数为0.836，显著性（双尾）检验值为0.000，相关系数显著性水平在0.01以下，说明技术创新协同水平与经济发展水平之间存在显著的正向相关性；同研究与试验发展（R&D）经费投入数量的皮尔逊相关性指数为0.848，显著性（双尾）检验值为0.000，相关系数显著性水平在0.01以下，说明技术创新协同水平与R&D经费投入数量之间存在显著正向相关性。2017年，佛山R&D经费投入总量为223.16亿元，仅为深圳976.94亿元的22.84%。从R&D经费投入强度来看，佛山占当年地区生产总值9549.60亿元的2.34%，不仅低于深圳4.34%、珠海2.51%、广州和东莞2.48%的水平，也低于广东全省平均2.48%的水平。[①] 从经济类型来看，民营经济是佛山经济的中流砥柱。佛山也是全国民营经济最为发达的地区之一，2018年民营市场主体为51.25万户，占全市市场主体总数的82.94%，民营工业对全市工业增长贡献率为81.6%。改革开放以来，佛山民营经济蓬勃发展，涌现出一大批民营骨干企业，也不乏各细分行业的"单打冠军"；佛山民营企业根植性、稳定性较强，有力地支撑了佛山经济持续健康发展。[②] 因此，佛山应充分发挥民营经济在技术创新中的带动作用，提高R&D经费投入水平，增强技术创新研发和协同能力。

---

① 广东省统计局．广东统计年鉴（2018）［EB/OL］．（2018－10－29）［2019－11－02］．http://stats.gd.gov.cn/gdtjnj/content/post_1424903.html.

② 城市概况［EB/OL］．（2009－01－06）［2019－09－06］．http://www.foshan.gov.cn/zjfs/fsgl/csgk/.

二、提高核心技术创新水平，推动技术创新从“制造”向“创造”转型升级

表5－4结果显示，佛山与粤港澳大湾区其他城市合作申请专利和申请国家发明专利数量之间的皮尔逊相关性指数为0.842，显著性（双尾）检验值为0.000，相关系数显著性水平在0.01以下，说明技术创新协同水平与技术创新发展水平之间存在显著的正向相关性。2017年，佛山共申请专利70836项，其中发明专利仅25899项，占比36.56%，实用新型专利30524项，占比43.09%，外观设计专利14413项，占比20.35%。从中可以看出，技术创新含量较高的发明专利所占的比重相对偏低。制造业是佛山的立市之本，家电、陶瓷、铝型材、食品等均为佛山享誉全球的制造产业，但随着新的产业革命的到来，佛山制造业一些核心关键技术遇到了瓶颈，核心技术攻关能力和创新价值有待加强。① 因此，佛山应推进制造业与新一代互联网信息技术深度融合，以智能工厂、机器人应用、“互联网＋”等为重要手段进行技术改造，促进传统产业向价值链两端跃升，推动制造业加速向数字化、网络化、智能化发展，着力打造珠江西岸先进装备制造产业带。② 因此，在知识产权战略中，佛山应鼓励申请更多技术创新含量更高的发明专利，鼓励有能力的企业“走出去”并在国外建立研发中心，申请更多具有国际竞争力的PCT（Patent Cooperation Treaty）国际专利。例如，广东伊之密精密机械股份有限公司积极推进在德国设立研究中心，通过与世界尖端

---

① 吴欣宁．三份名单背后的佛山创新逻辑［EB/OL］．（2018－06－05）［2019－11－02］．http://epaper.southcn.com/nfdaily/html/2019－06/05/content_7803508.htm.

② 吴家明．佛山：打造面向全球的国家制造业创新中心［EB/OL］．（2019－04－04）［2019－11－02］．http://www.sohu.com/a/305811755_115433.

研发机构的合作提升核心技术开发能力，推动技术创新从“制造”向“创造”转型升级。

三、加强与高校和科研院所的合作，多种形式集聚技术创新人才

表 5 – 4 结果显示，佛山与粤港澳大湾区其他城市合作申请专利和研究与试验发展（R&D）人员投入数量之间的皮尔逊相关性指数为 0. 850，显著性（双尾）检验值为 0. 000，相关系数显著性水平在 0. 01 以下，说明技术创新协同水平与 R&D 人力投入水平之间存在显著的正向相关性。近几年，佛山的本地生产总值一直稳居广东省第 3 名；2018 年，佛山地区生产总值为 9935. 88 亿元，为广州 22859. 35 亿元的 43. 47%、深圳 24221. 98 亿元的 41. 02%。但从广东省教育厅公布的普通高校数量来看，佛山共有 13 所高校，为广州 82 所的 15. 85%、深圳 32 所的 40. 63%，仅佛山科学技术学院进入广东省高水平大学建设行列。近年来，佛山科学技术学院对内培育“人人有专利、个个在转化、院院融产业”的科研风气，对外加紧实施“高校 + 高端研究院所 + 龙头企业”的产教融合发展模式，加速推动全球创新技术应用成果率先在佛山转化，打造创新技术应用转化中心和高新技术企业“大孵化器”，为佛山建设国家创新型城市贡献了“佛科院力量”。在人才引进方面，2018 年佛山市引进的 1 名院士培养对象由佛科院所引进；8 名双聘院士中有 4 名由佛科院引进；24 名广东省领军人才中，由佛科院引进的有 13 名，占比 54. 20%。① 由此可见，高校在创新人才集聚方面较有优势。因此，佛山要努力补齐短板，加强与高校和科研院所的合作，

① 林舒. “佛科院力量”助力佛山建设国家创新型城市［EB/OL］.（2019 – 05 – 10）［2019 – 11 – 06］. https://baijiahao. baidu. com/s? id = 1633101042346854309&wfr = spider&for = pc.

多种形式集聚技术创新人才。同时，也要激发中国科学院苏州纳米技术与纳米仿生研究所广东（佛山）研究院、华中科技大学佛山研究院、华南理工大学佛山研究院、清华大学佛山先进制造研究院、广东顺德中山大学—卡内基梅隆大学国际联合研究院等的技术创新潜力，将《佛山市人民政府—香港科技大学产学研合作协议》等落到实处，发挥高校和科研院所在促进佛山融入粤港澳大湾区建设和协同发展中的新动力作用。

四、发挥广东实验室示范效应，激发企业技术创新活力

表5－4结果显示，佛山与粤港澳大湾区其他城市合作申请专利和高新技术企业数之间的皮尔逊相关性指数为0.825，显著性（双尾）检验值为0.000，相关系数显著性水平在0.01以下，说明技术创新协同水平与高新技术发展水平之间存在显著的正向相关性。2017年，佛山先进制造科学与技术广东省实验室（季华实验室）成为广东省首批立项建设的4个省实验室之一，规划了增材制造、机器人与先进控制、全光制造等8个分实验室，精密仪器、智能装备、微电子设备、关键零部件、智能家居等5个专项研发中心，以及计算中心、检测中心、数据中心等3个公共服务平台，目标是在前沿性、基础性技术的研究上取得突破，同时攻克限制当前产业质量、效益进一步提升的关键核心技术难题，做“顶天立地”的研究。① 佛山要激发季华实验室在基础研究和应用基础研究中的示范效应，鼓励相关技术领域企业的技术创新活动，打造具有特色的“基础研发＋众创空间＋孵化器＋加速器＋科技园区”全孵化技术创新和产业化链条，在粤港澳大湾区技术创新协同发展中发

① 季华实验室简介［EB/OL］.（2018－04－16）［2019－09－02］. http://www.jihualab.com/index.php? ac=article&at=list&tid=24.

挥辐射作用。

五、优势互补，错位发展，主动融入粤港澳大湾区发展大局

表5-4结果显示，佛山与粤港澳大湾区其他城市合作申请专利和邮电（邮政电信）业务总量之间的皮尔逊相关性指数为0.509，显著性（双尾）检验值为0.053，相关系数显著性水平在0.05以上，说明技术创新协同水平与信息流通水平之间的相关性不明显。佛山与粤港澳大湾区其他城市合作申请专利和交通距离的皮尔逊相关性指数为-0.016，显著性（双尾）检验值为0.879，相关系数显著性水平在0.05以上，说明技术创新协同水平与地理距离之间存在负向相关性，但不显著。粤港澳大湾区建设可以让佛山摆脱地理位置的传统约束，可以为佛山集聚更多优质创新资源，提升对外开放水平，推动产业转型发展。因此，佛山要实现与其他城市优势互补、错位发展，主动融入粤港澳大湾区发展大局。借助香港、澳门等国际化优势，佛山可以深度参与“一带一路”建设，打造更高层次开放型经济，构建“世界科技+佛山智造+全球市场”的创新发展格局；借助“广佛同城”优势，佛山可以利用广州高校和科研院所丰富的资源，为佛山提供科研资源和原始创新补充，探索“高校+地方研究院”发展模式；借助深圳高新技术企业发展的先进经验，佛山企业要发挥技术创新主体作用，加强与深圳企业技术创新协同，在更高层次上参与国际分工、合作和竞争，在开放中链接全球创新资源，助力打造面向全球的国家制造业创新中心。①

---

① 吴家明．佛山：打造面向全球的国家制造业创新中心［EB/OL］．（2019-04-04）［2019-11-02］．http://www.sohu.com/a/305811755_115433.

第四节 小结

佛山位于珠江三角洲腹地，是中国重要的制造业基地、粤港澳大湾区西部重要节点。在粤港澳大湾区建设中，佛山城市结构正做战略性调整，以信息化提升产业发展，促进产业向价值链高端延伸，培育发展战略性新兴产业，壮大提升机械装备、电子信息、汽车制造等现代先进制造业与高新技术产业。

因此，佛山要提升 R&D 经费投入水平，发挥民营经济在技术创新发展中的带动作用；提高核心技术创新水平，推动技术创新从“制造”向“创造”转型升级；加强与高校和科研院所的合作，多种形式集聚技术创新人才；发挥广东实验室示范效应，激发企业技术创新活力；优势互补，错位发展，主动融入粤港澳大湾区发展大局。

第六章 惠州与粤港澳大湾区技术创新协同研究

第一节 惠州及其技术创新发展概况

一、惠州区位及其优势

惠州，别称“鹅城”，背靠罗浮山，南临大亚湾，毗邻深圳、香港，北连河源，东接汕尾，西邻东莞和广州，位于粤港澳大湾区东岸，素有“粤东门户”之称。惠州为珠江三角洲中心城市之一，设有仲恺高新技术产业开发区和大亚湾经济技术开发区两个国家级开发区，是广东省的重点发展地区，经济发展迅速，是珠三角东部新兴的工业化城市。①

惠州两大经济支柱分别是电子、石化，在 2017 年中国地级市全面小康指数排名中位列第 33。② 2018 年，惠州全市地区生产总值为 4103.05 亿元，增长 6.0%；常住人口为 483 万人；全年新组建省级工

---

① 国务院．国务院办公厅关于批准惠州市城市总体规划的通知［EB/OL］．（2012－01－18）［2019－08－12］．http://www.gov.cn/zhengce/content/2012－01/18/content_5200.htm.

② 竞争力智库．中国城市全面建成小康社会监测报告 2017［EB/OL］．（2018－04－18）［2019－08－12］．http://finance.ifeng.com/a/20180417/16113635_0.shtml? _zbs_baidu_bk.

程中心 59 家；在中国城市科技创新发展指数排名中位列第 61。① 2019 年，惠州获批建设先进能源科学与技术广东省实验室，将在能源领域开展基础研究和应用研究，有效聚集创新人才，推动能源科技产业大发展。②

二、惠州专利技术创新发展特征

惠州产业特色鲜明，正在着力构建石化能源新材料、电子信息和生命健康“2+1”现代产业体系。大亚湾石化区形成 2200 万吨炼油、220 万吨乙烯的规模，炼化一体化规模跃居全国第一。仲恺高新区是中国首批国家级电子信息产业基地，形成了较为完整的移动通信、平板显示、汽车电子、LED 和新能源电池五条产业链。目前，成功引进埃克森美孚化工综合体、中海油/壳牌三期、赛格潼湖国际半导体产业基地等一批重大项目落户建设；未来 8~10 年，惠州将建成石化能源新材料和电子信息产业两大万亿级产业集群。③

图 6-1 反映了 2000—2017 年惠州申请国家发明专利变化特征。

（1）2000—2017 年，惠州在国家知识产权局共申请发明专利 30106 项，申请项数呈增长趋势，趋势线拟合指数 R^2 为 0.6923，年均申请项数为 1672.56 项，年均增长率为 60.82%。

（2）2000—2010 年，惠州专利技术创新发展处于波动阶段，申请

① 王明月.《中国城市科技创新发展报告 2018》发布 北京科创发展水平居首 [EB/OL].(2018-12-08)[2019-08-12]. http://finance.cnr.cn/gundong/20181208/t20181208_524443945.shtml.

② 惠州市统计局，国家统计局惠州调查队. 2018 年惠州国民经济和社会发展统计公报 [EB/OL].(2019-03-28)[2019-08-12]. http://www1.huizhou.gov.cn/pages/cms/huizhou/html/tjgb/37d9770518a8492dac2ae13ed3122781.html? cataId=bba17c651b48de24011b5984dc6904d3.

③ 粤港澳大湾区——惠州 [EB/OL].(2019-05-16)[2019-06-06]. http://www.cnbayarea.org.cn/city/index.html.

发明专利项数和年增长率均在波动中发展。

（3）2011—2017 年，惠州专利技术创新工作处于稳步发展阶段，申请发明专利项数呈逐年增长趋势，年增长率趋于平稳，平均为 39.15%。

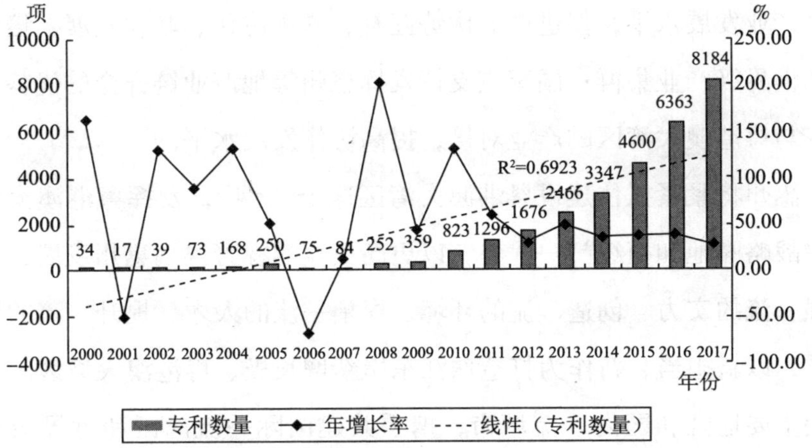

图 6－1　2000—2017 年惠州申请国家发明专利变化特征

三、惠州在粤港澳大湾区的技术创新发展定位

根据《规划纲要》，惠州是粤港澳大湾区建设的重要节点城市之一。惠州在粤港澳大湾区中的总体定位是：充分发挥自身优势，深化改革创新，增强城市综合实力，形成特色鲜明、功能互补，具有竞争力的重要节点城市；增强发展的协调性，强化与中心城市的互动合作，带动周边特色城镇发展，共同提升城市群发展质量。在“建设国际科技创新中心”方面，惠州要深入实施创新驱动发展战略，深化粤港澳创新合作，构建开放型融合发展的区域协同创新共同体，集聚国际创新资源，优化创新制度和政策环境，着力提升科技成果转化能力，建设全球科技创新高地和新兴产业重要策源地；充分发挥自身科技和产业优势，

积极吸引和对接全球创新资源，建设开放互通、布局合理的区域创新体系。在“构建具有国际竞争力的现代产业体系”方面，惠州要深化供给侧结构性改革，着力培育发展新产业、新业态、新模式，促进传统产业改造升级，加快发展先进制造业和现代服务业，瞄准国际先进标准，提高产业发展水平，促进产业优势互补、紧密协作、联动发展，培育若干个世界级产业集群；国家应支持发挥惠州等地产业链齐全的优势，加强其与粤港澳大湾区的产业对接，提高协作发展水平。①

惠州将紧紧抓住建设粤港澳大湾区这个“纲”，发挥粤港澳大湾区东岸战略腹地和枢纽门户优势，以更高更宽的视野谋划惠州发展，不断做强一流的实力、创造一流的环境、聚集一流的人才、提升一流的生活品质，以新担当、新作为打造珠江东岸新增长极、粤港澳大湾区高质量发展重要地区和国内一流城市，携手共建国际一流湾区和世界级城市群，为广东省实现“四个走在全国前列”、当好“两个重要窗口”做出新的更大贡献。②

第二节　惠州与粤港澳大湾区技术创新协同

一、协同时序特征分析

根据国家知识产权局专利检索结果，惠州与粤港澳大湾区其他城市

① 中共中央，国务院. 粤港澳大湾区发展规划纲要［EB/OL］.（2019－02－18）［2019－03－06］. http://www.locpg.gov.cn/jsdt/2019－02/18/c_1210062255.htm.

② 粤港澳大湾区——惠州［EB/OL］.（2019－05－16）［2019－10－06］. http://www.cnbayarea.org.cn/city/index.html.

从2001年开始有合作申请专利，之后分别在2006年和2007年合作申请了2项专利，从2009年开始形成了连续不断的技术创新协同关系。2000—2017年，根据有效原始数据信息，按照“申请日”统计，惠州与粤港澳大湾区其他城市合作申请专利共1529项，占惠州申请专利总数30106项的5.08%，在大湾区11个城市的技术创新协同中发挥着重要作用。

图6-2反映了2009—2017年惠州与粤港澳大湾区其他城市合作申请专利变化特征。

（1）从2009年开始，惠州与粤港澳大湾区其他城市申请专利数在波动中呈增长趋势，趋势线拟合指数 R^2 为0.8300，共合作申请专利1524项，年均合作申请专利数为169.33项，年均增长幅度波动较大。

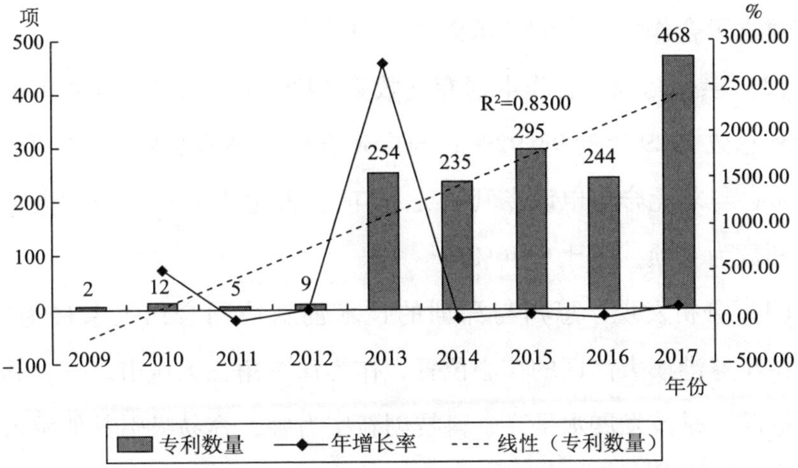

图6-2　2009—2017年惠州与粤港澳大湾区其他城市合作申请专利变化特征

（2）2009—2012年，惠州与粤港澳大湾区其他城市合作申请专利技术创新协同处于探索发展阶段，合作申请专利共28项，占比1.84%。

（3）2013—2017年，惠州与粤港澳大湾区其他城市合作申请专利技术创新协同处于快速发展阶段，从2013年的254项增长至2017年的

468 项，合作申请专利共 1496 项，占比 98.16%，年均合作申请专利项数为 299.20 项。

（4）分析发现，从 2013 年开始，惠州抓住国家“一带一路”建设和粤港澳大湾区发展机遇，召开了《珠江三角洲地区改革发展规划纲要》“四年大发展”总结暨“九年大跨越”动员会，着手实施《惠州市进入珠三角第二梯队总体方案》①，促进了技术创新协同发展。

二、协同区域特征分析

表 6－1 反映了惠州与粤港澳大湾区其他城市合作申请专利区域分布特征。

（1）惠州仅与深圳、广州、东莞和香港等 4 个粤港澳大湾区其他城市建立了合作申请专利技术创新协同关系。

（2）惠州与深圳合作申请专利数为 1436 项，以绝对优势占合作申请专利总数 1529 项的 93.92%；与广州合作申请专利数为 72 项，占比 4.71%；与东莞合作申请专利数为 14 项，占比 0.92%；与香港合作申请专利数为 7 项，占比 0.46%。

（3）分析发现，惠州与深圳的技术创新协同合作关系最为紧密。深圳位于粤港澳大湾区的核心位置，作为珠三角三大城市之一，其经济实力雄厚，科技发展水平高，科技创新实力强，容易吸引其他城市与之合作，而且惠州毗邻深圳，两个城市在互联互通上有着较大的便利。2009 年，深圳、东莞、惠州先后三次召开三市党政主要领导联席会议，签订《贯彻落实〈珠江三角洲地区改革发展规划纲要〉推进珠江口东

① 惠州市地方志办公室．2013 年惠州大事记［EB/OL］．（2015－02－03）［2019－08－06］．http://www1.huizhou.gov.cn/pages/cms/huizhou/html/hzdsj/29182cfa03824596b85e80ffea2e9581.html?cataId=bba17c6531bead050131cb0d8f870210.

岸地区紧密合作框架协议》《深圳、东莞、惠州规划一体化合作协议》等一系列合作协议，更加深化了惠州与深圳的联系与协同合作。① 2013年，深、莞、惠三市党政主要领导第七次联席会议召开，审议通过了《深莞惠区域协调发展总体规划（2012—2020年）》，签署了2013年深惠合作备忘录等，推进了三市的进一步协同发展。②

表6－1　惠州与粤港澳大湾区其他城市合作申请专利区域分布特征

项目	深圳	广州	东莞	香港	合计
项数/项	1436	72	14	7	1529
占比/%	93.92	4.71	0.92	0.46	100.00

三、协同技术领域特征分析

表6－2反映了惠州与粤港澳大湾区其他城市合作申请专利技术领域分布特征。

表6－2　惠州与粤港澳大湾区其他城市合作申请专利技术领域分布特征

分类号（部）	技术领域	项数/项	占比/%
A部：人类生活必需	农业	6	0.39
	食品；烟草	3	0.20
	个人或家用物品	6	0.39
	保健；救生；娱乐	14	0.92

① 深莞惠一体化［EB/OL］.（2014－04－14）［2019－08－06］. https://baike.baidu.com/item/%E6%B7%B1%E8%8E%9E%E6%83%A0%E4%B8%80%E4%BD%93%E5%8C%96/5832591.

② 惠州市地方志办公室.2013年惠州大事记［EB/OL］.（2015－02－03）［2019－08－06］. http://www1.huizhou.gov.cn/pages/cms/huizhou/html/hzdsj/29182cfa03824596b85e80ffea2e9581.html?cataId=bba17c6531bead050131cb0d8f870210.

续表

分类号（部）	技术领域	项数/项	占比/%
B 部：作业；运输	分离；混合	57	3.73
	成型	258	16.87
	印刷	11	0.72
	交通运输	148	9.68
C 部：化学；冶金	化学	246	16.09
	冶金	2	0.13
E 部：固定建筑物	建筑	55	3.60
F 部：机械工程；照明；加热；武器；爆破	发动机或泵	3	0.20
	照明；加热	24	1.57
G 部：物理	仪器	107	7.00
	核子学	4	0.26
H 部：电学	电学	585	38.26
合计		1529	100.00

（1）从分类号（部）来看，惠州与粤港澳大湾区其他城市合作申请专利技术分布在除“D 部：纺织；造纸”以外的 7 个学部。

（2）从技术领域来看，分布在除“微观结构技术；纳米技术”“组合技术”“纺织或未列入其他类的柔性材料”“造纸”“土层或岩石的钻进；采矿”以外的 16 个技术领域。

（3）“电学”领域合作申请专利共 585 项，占合作申请专利总数 1529 项的 38.26%，为绝对优势技术领域。

（4）“成型”领域合作申请专利共 258 项，占比 16.87%，“化学”领域合作申请专利共 246 项，占比 16.09%，此二者为优势技术领域。

（5）“交通运输”领域合作申请专利共 148 项，占比 9.68%，“仪器”合作申请专利共 107 项，占比 7.00%，此二者为相对优势技术领域。

（6）其他领域合作申请专利共 185 项，占比 12.10%，为弱势技术领域。

（7）分析发现，惠州于 1992 年经国务院批准成立了惠州仲恺高新技术产业开发区，着力打造以五大战略性新兴电子信息产业和以现代服务业为代表的现代产业体系，先后获得国家电子信息产业基地等多个国字号招牌，还获得广东省光电显示产业基地等多个省级“名片”，促进了惠州在相关领域的技术创新协同发展。①

四、协同主体特征分析

表 6－3 反映了惠州与粤港澳大湾区其他城市协同主体合作申请专利数量特征。

表 6－3　惠州与粤港澳大湾区其他城市协同主体合作申请专利数量特征

城市	类别	高校	科研机构	国有企业	民营企业	高新技术企业	中外合资企业	外资企业	小计
惠州	协同主体数/个	1	0	9	44	21	3	4	82
	合作专利数/项	12	0	28	255	1202	13	19	1529
	平均专利数/项	12.00	0.00	3.11	5.80	57.24	4.33	4.75	18.65
其他城市	协同主体数/个	8	6	4	32	25	3	8	86
	合作专利数/项	39	12	4	299	1117	43	15	1529
	平均专利数/项	4.88	2.00	1.00	9.34	44.68	14.33	1.88	17.78

（1）惠州的协同主体数中，民营企业主体数量最多，为 44 个，占协同主体总数 82 个的 53.66%；高新技术企业主体数量为 21 个，占比 25.61%。

（2）惠州的合作专利数中，高新技术企业合作专利数量最多，为 1202 项，占合作申请专利总数 1529 项的 78.61%；民营企业合作专利

① 仲恺高新区管委会办公室．仲恺荣誉［EB/OL］．（2019－04－10）［2019－09－06］．http://www.hzzk.gov.cn/hzzk/zkry/list_tt_time.shtml.

数量为255项，占比16.68%。这两种类型主体在惠州的技术协同创新中发挥着主导作用。

（3）惠州的平均专利数中，每个协同主体平均合作申请专利数为18.65项。高新技术企业平均合作申请专利数最大，为57.24项；高校平均合作申请专利数为12.00项；民营企业平均合作申请专利数为5.80项。

（4）其他城市的协同主体数中，民营企业主体数量最多，为32个，占合作主体总数86个的37.21%；高新技术企业主体数量为25个，占比29.07%。

（5）其他城市的合作专利数中，高新技术企业合作专利数量最多，为1117项，占合作申请专利总数1529项的73.05%；民营企业合作专利数为299项，占比19.56%。这两种类型主体在粤港澳大湾区其他城市与惠州的技术协同创新中发挥着主导作用。

（6）其他城市的平均专利数中，每个协同主体平均合作申请专利数为17.78项。高新技术企业平均合作申请专利数最大，为44.68项；中外合资企业平均合作申请专利数为14.33项；民营企业平均合作申请专利数为9.34项；高校平均合作申请专利数为4.88项。

（7）分析发现，惠州仲恺高新技术产业开发区经过多年发展，吸引了十多个国家和地区近2000家中外企业在区内投资设厂，包括三星、LG、索尼、可口可乐、西门子、施耐德、普利司通、住友等世界500强企业以及TCL、华阳、德赛、龙旗、亿纬等国内外知名企业。① 这些企业促进了惠州与粤港澳大湾区其他城市的技术创新协同发展。例如，惠州乐庭电子线缆有限公司与粤港澳大湾区其他城市共合作申请专利

① 惠州仲恺高新技术产业开发区［EB/OL］.（2012－09－28）［2019－09－06］. http://haigui.job1001.com/chuangye_detail.php? article_id=3441348818183608&catflag=chuanyyq.

581 项，占合作申请专利总数 1529 项的 38.00%。

五、协同有效专利特征分析

图 6－3 反映了惠州与粤港澳大湾区其他城市合作申请有效专利特征。

（1）惠州与粤港澳大湾区其他城市合作申请专利中，有效专利共有 414 项，占合作申请专利总数 1529 项的 27.08%。

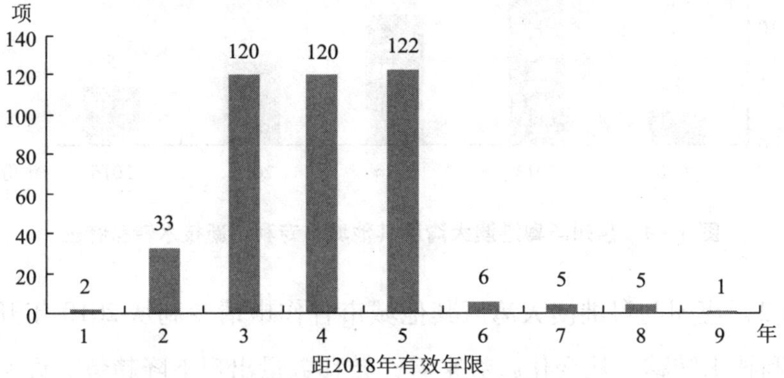

图 6－3　惠州与粤港澳大湾区其他城市合作申请有效专利特征

（2）有效年限超过 5 年的专利有 17 项，占有效专利总数 414 项的 4.11%。

（3）有效年限在 3～5 年的专利有 362 项，占比 87.44%；其他专利为有效年限不足 3 年的，有 35 项，占比 8.45%。

可见，惠州与粤港澳大湾区其他城市的专利技术创新协同中缺少持续年限长、具有高创新价值的核心专利。

六、协同专利技术转移特征分析

图 6－4 反映了惠州与粤港澳大湾区其他城市专利创新技术转移

特征。

（1）惠州与粤港澳大湾区其他城市合作申请专利共有47项实现了技术转移，仅占合作申请专利总数1529项的3.07%，与相关研究结果（约10.00%）相比，科技成果转化率较低。①

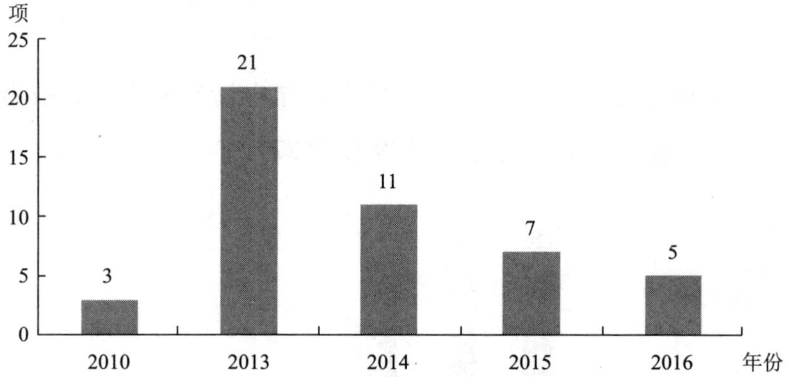

图6-4　惠州与粤港澳大湾区其他城市专利创新技术转移特征

（2）惠州与粤港澳大湾区其他城市合作申请专利从2010年开始才有专利技术转移。从变化趋势来看，转移数量出现下降趋势。说明合作专利技术转移尚没有引起足够重视，或者应该进一步提高合作申请专利的核心价值和市场价值。

第三节　优化惠州与粤港澳大湾区技术创新协同的策略

惠州与粤港澳大湾区其他城市合作申请专利和相关影响因素的回归分析结果如表6-4所示。惠州要结合相关因素的影响情况，有针对性

① 文剑英．科技成果转化的理性思考［J］．科研管理，2019，40（5）：175-181.

地优化实施与粤港澳大湾区其他城市的技术创新协同策略。

表6－4　惠州与粤港澳大湾区其他城市合作申请专利与相关影响因素的回归分析结果

指标	本地生产总值	申请国家发明专利数量	研究与试验发展（R&D）经费投入数量	研究与试验发展（R&D）人员投入数量	邮电（邮政电信）业务总量	高新技术企业数	交通距离
皮尔逊相关性	0.911**	0.904**	0.904**	0.819**	0.605	0.830**	－0.469
显著性（双尾）	0.001	0.001	0.001	0.007	0.085	0.006	0.172

注：**表示在0.01级别（双尾）相关性显著。

一、提升对技术创新中研究与试验发展（R&D）经费的投入强度

表6－4结果显示，惠州与粤港澳大湾区其他城市合作申请专利和本地生产总值之间的皮尔逊相关性指数为0.911，显著性（双尾）检验值为0.001，相关系数显著性水平在0.01以下，说明技术创新协同水平与经济发展水平之间存在显著的正向相关性；同研究与试验发展（R&D）经费投入数量的皮尔逊相关性指数为0.904，显著性（双尾）检验值为0.001，相关系数显著性水平在0.01以下，说明技术创新协同水平与R&D经费投入水平之间存在显著的正向相关性。2013年以来，惠州地区生产总值一直稳居广东全省第5位，保持了良好的发展势头。从2017年R&D经费投入强度来看，惠州为2.19%，约为深圳4.34%的一半，也低于广东全省2.48%的平均水平，在珠三角九市中排第7位，仅优于江门和肇庆。① 因此，惠州在大力发展经济的同时，应该提

① 广东省统计局．广东统计年鉴（2018）［EB/OL］．（2018－10－29）［2019－11－02］．http://stats.gd.gov.cn/gdtjnj/content/post_1424903.html.

升对技术创新中 R&D 经费的投入强度，增强经费投入对促进惠州参与粤港澳大湾区协同发展的作用，把惠州真正打造成粤港澳大湾区能源科技创新中心。

二、充分调动各技术创新主体参与知识产权工作的积极性，提高技术创新储备水平

表6－4结果显示，惠州与粤港澳大湾区其他城市合作申请专利和申请国家发明专利数量之间的皮尔逊相关性指数为0.904，显著性（双尾）检验值为0.001，相关系数显著性水平在0.01以下，说明技术创新协同水平与技术创新发展水平之间存在显著的正向相关性。2017年，惠州申请发明专利共8184项，在广东全省排名第5，占全省182639项的4.48%。但从万人发明专利拥有量来看，惠州为17.13项，仅优于江门和肇庆，在广东全省排名第7，约为深圳48.10项的35.61%和佛山33.83项的50.64%，也低于全省18.96项的平均水平。[①] 但从创新平台主体来看，惠州建设了中国科学院两大科学装置，即“强流重离子加速器”（HIAF，用人工方法产生高速离子束流的装置，能为重离子物理基础研究、重离子束应用研究提供国际领先水平的实验平台）和“加速器驱动嬗变研究装置”（CIADS，将是世界上首个兆瓦级加速器驱动次临界系统研究装置，将使我国率先掌握加速器驱动次临界系统集成和核废料嬗变技术，助力核能科技研发）；从产业创新主体来看，惠州基本建成石化能源新材料、电子信息两大万亿级先进制造业集群；从产学研合作主体来看，“潼湖高校科技成果转化实验区”吸引了北京大学、清华大学、上海交通大学、武汉大学、哈尔滨工业大学等高校陆续开展

① 广东省统计局．广东统计年鉴（2018）［EB/OL］．（2018－10－29）［2019－11－02］．http://stats.gd.gov.cn/gdtjnj/content/post_1424903.html.

产学研项目。[①] 可见，惠州在汇聚高水平技术创新主体方面取得了良好的发展，接下来应该充分调动各技术创新主体参与申请专利等知识产权工作的积极性，提高技术创新储备水平，更好地加强区域科技创新合作，积极参与粤港澳大湾区国际科技创新中心建设。

三、充分发挥高新区和广东省实验室在技术创新人才集聚中的作用

表6－4结果显示，惠州与粤港澳大湾区其他城市合作申请专利和研究与试验发展（R&D）人员投入数量之间的皮尔逊相关性指数为0.819，显著性（双尾）检验值为0.007，相关系数显著性水平在0.01以下，说明技术创新协同水平与R&D人力投入水平之间存在显著的正向相关性。但从2017年规模以上工业企业R&D活动人员来看，惠州为43255人，在珠三角九市中排名第6，约为深圳232421人的18.61%、广州97894人的44.19%、佛山96072人的45.02%，仅优于珠海、江门和肇庆。[②] 目前，惠州建成了先进能源科学与技术广东省实验室，聚焦先进核能、海上风能、氢能等领域，着力破解能源领域重大科学与技术问题，突破瓶颈核心关键技术。采用“核心＋网络”模式，惠州承建了实验室核心总部，佛山、阳江、云浮和汕尾等地设立了分中心。[③] 另外，惠州仲恺高新技术产业开发区已吸引了十多个国家和地区近2000家中外企业在区内投资设厂，形成了以LED、移动互联网、平板显示、

① 惠州：打造粤港澳大湾区能源科技创新中心［EB/OL］.（2019－01－13）［2019－11－02］. http://www. sohu. com/a/288721245_100195858.

② 广东省统计局. 广东统计年鉴（2018）［EB/OL］.（2018－10－29）［2019－11－02］. http://stats. gd. gov. cn/gdtjnj/content/post_1424903. html.

③ 刘豪伟. 我市获批建设先进能源科学与技术广东省实验室［EB/OL］.（2019－08－30）［2019－11－02］. http://e. hznews. com/hzrb/pc/content/201908/30/content_908336. html.

新能源、云计算为主导的“4 + 1”战略性新兴产业，成为国内重要的电子信息产业基地，汇聚了TCL集团、德赛集团、科士达集团等知名企业。① 因此，惠州要充分发挥仲恺高新技术产业开发区和广东省实验室在技术创新人才集聚中的作用，吸引更多技术创新人才，增强R&D人员投入力度，将全市打造成为粤港澳大湾区新能源科技创新中心，助力粤港澳大湾区国际科技创新中心建设。

四、提高高新技术企业数量，在军民融合中培育技术创新增长点

表6－4结果显示，惠州与粤港澳大湾区其他城市合作申请专利和高新技术企业数之间的皮尔逊相关性指数为0.830，显著性（双尾）检验值为0.006，相关系数显著性水平在0.01以下，说明技术创新协同水平与高新技术发展水平之间存在显著的正向相关性。从高新技术企业数量来看，2015—2017年，虽然惠州全市高新技术企业实现量增质升，年底存量分别为255家、466家、802家，年均增长率达七成以上，但总量仍然偏少。从高新技术企业数量来看，2017年底，惠州为802家，仅为深圳10988家的7.30%、广州8700家的9.22%、东莞4077家的19.67%、中山1718家的46.68%，在珠三角九市中排第7位，仅优于江门和肇庆。② 因此，惠州应多管齐下壮大高新技术企业数量，继续大力实施“高企培育行动计划”，落实好《惠州市高新技术企业认定专项资助办法》《惠州市创新企业培育行动实施方案》等文件，全方位、多

---

① 惠州仲恺高新技术产业开发区［EB/OL］.（2012－09－28）［2019－09－06］. http://haigui. job1001. com/chuangye_detail. php? article_id = 3441348818183608&catflag = chuanyyq.

② 中国城市高新技术企业数量排名：长三角、珠三角城市群成绩亮眼［EB/OL］.（2018－11－29）［2019－09－06］. https://baijiahao. baidu. com/s? id = 1618439357132361640&wfr = spider&for = pc.

元化增加高新技术企业数量，扶持高新技术企业持续健康发展。① 另外，惠州应该在军民融合中培育技术创新增长点。例如，以“广东·中电北斗芯创谷项目投资协议”签约为突破口，结合国家大力发展芯片产业、北斗产业“军转民”等契机，为惠州的电子信息产业补充重要一环（芯片产业的短板），为惠州电子信息产业强“芯”，带动北斗应用产业发展，推动北斗系统的全球组网建设②，力争在粤港澳大湾区建设中先人一步，引领技术创新军民融合协同发展。

五、发挥区位优势和资源禀赋在技术创新协同中的积极作用

表6-4结果显示，惠州与粤港澳大湾区其他城市合作申请专利和邮电（邮政电信）业务总量之间的皮尔逊相关性指数为0.605，显著性（双尾）检验值为0.085，相关系数显著性水平在0.05以上，说明技术创新协同水平与信息流通水平之间不存在显著正向相关性。惠州与粤港澳大湾区其他城市合作申请专利和交通距离的皮尔逊相关性指数为-0.469，显著性（双尾）检验值为0.172，相关系数显著性水平在0.05以上，说明技术创新协同水平与地理距离之间存在负向相关性，但不显著。惠州地处珠三角东岸，位于深莞惠经济圈的中心地带，与广州、深圳两个粤港澳大湾区核心城市毗邻，具有较为优越的地理区位优势。另外，惠州还拥有独特的绿色生态资源禀赋和山、湖、江、海以及生物多样性。比如，在7000万年前中生代侏罗纪和白垩纪时燕山运动

---

① 袁畅，刘炜炜．惠州坚持把创新驱动发展作为核心战略，加快建设国家创新型城市［EB/OL］．（2018-05-21）［2019-09-06］．http://baijiahao.baidu.com/s?id=1601064941256274273&wfr=spider&for=pc.

② 刘炜炜．惠州：深入实施创新驱动发展战略 积极聚集大湾区创新资源［EB/OL］．（2018-10-12）［2019-11-06］．http://gd.people.com.cn/n2/2018/1012/c123932-32151468-4.html.

形成的罗浮山，自然生长有1200多种中草药，是亚洲最大的草药宝库，是发展健康养生产业的基地。[①] 因此，惠州要发挥自身区位优势和资源禀赋在技术创新协同中的积极作用。一方面，可以积极引进广州、香港高校和科研院所落户潼湖生态智慧区，提升技术创新协同的城市数量；另一方面，可以以罗浮山为依托，大力弘扬“青蒿素精神”，借助已建成的葛洪博物馆、中药百草园、中医药文化长廊、中医养生馆、全国中医药文化宣传教育基地等平台，促进中医药创新创意产业协同发展。

第四节　小结

惠州在粤港澳大湾区中具有优越的地理位置，科技基础和技术创新实力日渐雄厚。未来十年，惠州将基本建成石化能源新材料、电子信息两大万亿级先进制造业集群，打造粤港澳大湾区能源科技创新中心，力争成为全广东省中医事业创新示范城。[②]

因此，惠州要进一步提升对技术创新中研究与试验发展（R&D）经费的投入强度，充分调动各技术创新主体参与知识产权工作的积极性，增强技术创新储备水平，发挥高新区和广东省实验室在技术创新人才集聚中的作用，提升高新技术企业数量，在军民融合中培育技术创新增长点，发挥好区位优势和资源禀赋在技术创新协同中的积极作用，为粤港澳大湾区协同创新发展提供“惠州力量”。

①② 惠州：打造粤港澳大湾区能源科技创新中心［EB/OL］.（2019 - 01 - 13）［2019 - 11 - 02］. http://www.sohu.com/a/288721245_100195858.

第七章　东莞与粤港澳大湾区技术创新协同研究

第一节　东莞及其技术创新发展概况

一、东莞区位及其优势

东莞，别称莞城，地处广东省中南部、珠江口岸，西北接广州市，南接深圳市、东接惠州市，为“广东四小虎”之首，号称“世界工厂”，既是广东重要的交通枢纽和外贸口岸，也是全国5个不设区的地级市之一。① 2018年，东莞常住人口839.22万人。②

2018年，东莞在中国城市创新竞争力排名中位列第18③；在中国城市科技创新发展指数排名中位列第11。④ 2019年，由中国海关总署

① 国务院．国务院办公厅关于批准东莞市土地利用总体规划的通知［EB/OL］．（2012-08-03）［2019-08-12］．http://www.gov.cn/zhengce/content/2018-08/23/content_5315818.htm.

② 东莞市统计局．2018年东莞市国民经济和社会发展统计公报［EB/OL］．（2019-04-08）［2019-08-12］．http://www.dg.gov.cn/007330010/0600/201904/33a9188024fc4e45a206b90a9cc5fd40.shtml.

③ 2018年中国城市创新竞争力排名出炉：京沪深居前三位［EB/OL］．（2018-11-21）［2019-09-06］．http://finance.sina.com.cn/stock/hkstock/ggscyd/2018-11-21/doc-ihmutuec2361372.shtml.

④ 王明月．《中国城市科技创新发展报告2018》发布　北京科创发展水平居首［EB/OL］．（2018-12-08）［2019-08-12］．http://finance.cnr.cn/gundong/20181208/t20181208_524443945.shtml.

主办的《中国海关》杂志公布了 2018 年“中国外贸百强城市”排名，东莞排名第 3；在中国人工智能产业发展潜力城市排名中位列第 11。①

东莞号称“世界工厂”，是全球最大的制造业基地之一。② 截至 2018 年，东莞拥有工业企业 15.1 万家，形成涉及 30 多个行业的完整制造业体系。其中，制造业重点行业包括五大支柱产业——电子信息制造业、电气机械及设备制造业、纺织服装鞋帽制造业、食品饮料加工制造业、造纸及纸制品业，以及四个特色产业——玩具及文体用品制造业、家具制造业、化工制造业、包装印刷业。③

二、东莞专利技术创新发展特征

截至 2018 年，东莞新增国家高新技术企业 1740 家，总数达 5798 家；全市各级重点实验室和工程技术研究中心新增 98 家，累计总数达 600 家，其中国家级 2 家、省级 396 家、市级 202 家；省市级新型研发机构累计总数 58 家，其中省级 25 家、市级 33 家；引进省级创新科研团队立项 6 个，总数达 36 个；市级创新科研团队 38 个；科技企业孵化载体 111 家，其中国家级 15 家；众创空间 74 家。④

图 7－1 反映了 2000—2017 年东莞申请国家发明专利变化特征。2000—2017 年，东莞在国家知识产权局共申请发明专利 79812 项，申请项数呈逐年稳步增长趋势，趋势线拟合指数 R^2 为 0.7127，年均申请项

① 中国人工智能产业发展潜力城市 20 强榜单公布［EB/OL］.（2019－08－09）［2019－09－06］. http://capital.people.com.cn/n1/2019/0809/c405954－31286648.html.

② 许可，陈思勤．全国首个！广州获批创建“中国制造 2025”试点示范城市［EB/OL］.（2017－08－03）［2019－09－06］. http://static.nfapp.southcn.com/content/201708/03/c587734.html.

③ 东莞市志办．制造名城［EB/OL］.（2019－06－27）［2019－08－12］. http://www.dongguan.gov.cn/cndg/zzmc/201603/0f12f8c107804d2cb4917cbd554b9694.shtml.

④ 东莞市统计局. 2018 年东莞市国民经济和社会发展统计公报［EB/OL］.（2019－04－08）［2019－08－12］. http://www.dg.gov.cn/007330010/0600/201904/33a9188024fc4e45a206b90a9cc5fd40.shtml.

数为4434.00项，年均增长率为52.47%。从2011年开始，增长率趋于平稳，2015年申请项数突破10000项，为11166项。

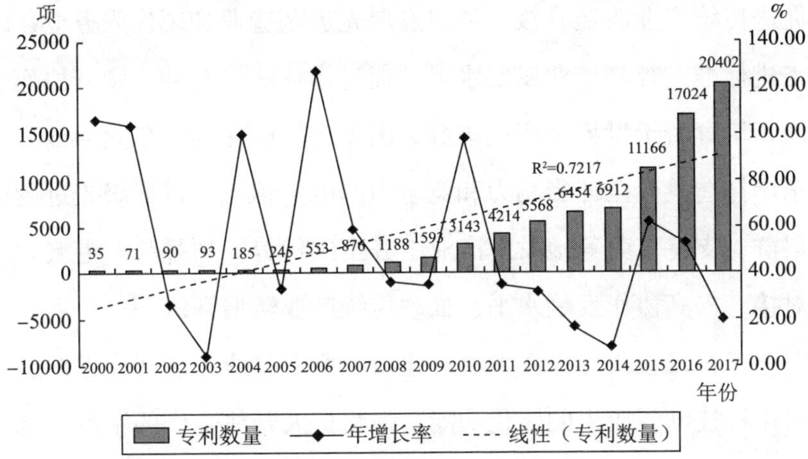

图7-1 2000—2017年东莞申请国家发明专利变化特征

三、东莞在粤港澳大湾区的技术创新发展定位

根据《规划纲要》，东莞是粤港澳大湾区建设的重要节点城市之一。东莞在粤港澳大湾区中的总体定位是：充分发挥自身优势，深化改革创新，增强城市综合实力，形成特色鲜明、功能互补、具有竞争力的重要节点城市；增强发展的协调性，强化与中心城市的互动合作，带动周边特色城镇发展，共同提升城市群发展质量。在“建设国际科技创新中心”方面，东莞要深入实施创新驱动发展战略，深化粤港澳创新合作，构建开放型融合发展的区域协同创新共同体，集聚国际创新资源，优化创新制度和政策环境，着力提升科技成果转化能力，建设全球科技创新高地和新兴产业重要策源地；充分发挥自身科技和产业优势，积极吸引和对接全球创新资源，建设开放互通、布局合理的区域创新体系；国家支持东莞企业、高校、科研院所共建高水平的协同创新平台，

推动科技成果转化。在“构建具有国际竞争力的现代产业体系”方面，东莞要深化供给侧结构性改革，着力培育发展新产业、新业态、新模式，促进传统产业改造升级，加快发展先进制造业和现代服务业，瞄准国际先进标准，提高产业发展水平，促进产业优势互补、紧密协作、联动发展，培育若干世界级产业集群；国家支持以深圳、东莞为核心，在珠江东岸打造具有全球影响力和竞争力的电子信息等世界级先进制造业产业集群，支持东莞等地发挥产业链齐全的优势，加强与粤港澳大湾区产业对接，提高协作发展水平，推动传统产业转型升级。①

东莞正积极参与粤港澳大湾区建设，努力打造大湾区先进制造业中心，强化科技创新成果的转化功能，强化扩大开放合作的示范功能，强化现代优质生活的服务功能。东莞市滨海湾新区、东莞港（“新区”）被广东省定位为粤港澳协同发展先导区。东莞未来将发力新一代信息技术、高端装备制造、新材料、新能源、生物科技等新兴产业。②

第二节　东莞与粤港澳大湾区技术创新协同

一、协同时序特征分析

东莞市从1999年开始与粤港澳大湾区其他城市合作申请专利。根据有效原始数据信息，按照“申请日”统计，除2002年外，东莞与粤

① 中共中央，国务院．粤港澳大湾区发展规划纲要［EB/OL］．（2019-02-18）［2019-03-06］．http://www.locpg.gov.cn/jsdt/2019-02/18/c_1210062255.htm.

② 粤港澳大湾区——东莞［EB/OL］．（2019-05-16）［2019-06-06］．http://www.cnbayarea.org.cn/city/index.html.

港澳大湾区其他城市均有合作申请专利，合作申请专利共4365项，在整个大湾区的技术协同发展中发挥着重要作用。

图7-2反映了2003—2017年东莞与粤港澳大湾区其他城市合作申请专利变化特征。

（1）合作申请专利数在波动中呈增长趋势，趋势线拟合指数 R^2 为0.1550，年均增长率为16.10%，年均合作申请专利数为290.73项。

（2）从2012年开始，合作申请专利数量和增长幅度呈现井喷状态，2012年达到1063项，2013年达到1955项，为历年最多，远超过其他年份。这两年合作申请专利数占统计年份合作申请专利总量4365项的69.14%。

（3）从2014年开始，合作申请专利数量出现急剧下降，从2013年的1955项减少至2014年的306项；2014—2017年合作申请专利共987项，年均合作申请专利为246.75项，技术创新协同发展势头没有持续。

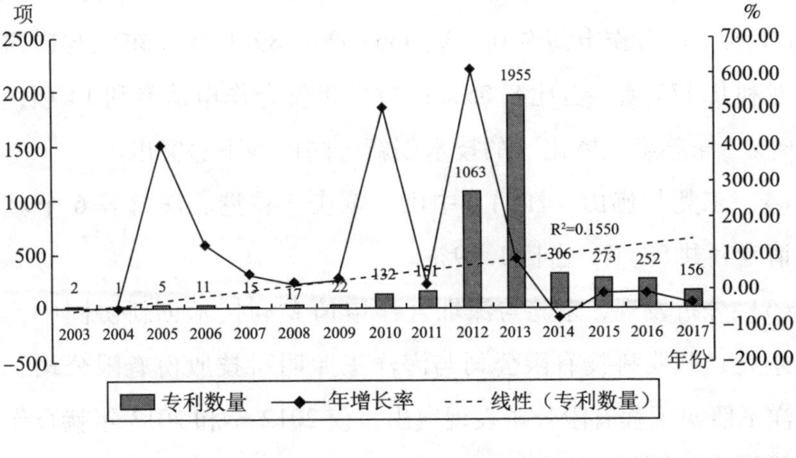

图7-2　2003—2017年东莞与粤港澳大湾区其他城市合作申请专利变化特征

二、协同区域特征分析

表7-1反映了东莞与粤港澳大湾区其他城市合作申请专利区域分布特征。

表7-1 东莞与粤港澳大湾区其他城市合作申请专利区域分布特征

城市	深圳	广州	佛山	江门	惠州	中山	肇庆	香港	珠海	合计
项数/项	3891	373	40	22	14	9	8	7	1	4365
占比/%	89.14	8.55	0.92	0.50	0.32	0.21	0.18	0.16	0.02	100.00

（1）东莞与除澳门外的9个粤港澳大湾区城市建立了合作申请专利技术创新协同关系。

（2）东莞与粤港澳大湾区其他城市合作申请专利平均项数为485项。

（3）作为毗邻的城市，东莞与深圳合作申请国家专利数量最大，为3891项，占合作申请专利总数4365项的89.14%。东莞与广州合作申请专利共373项，占比8.55%；与惠州仅合作申请专利14项，占比0.32%。“深莞惠一体化”的技术创新协同优势不够突出。

（4）东莞与佛山、江门、中山、肇庆、香港、珠海等6个城市合作申请专利共87项，占比1.99%。

（5）分析发现，东莞与深圳合作申请专利技术创新协同中，海洋王（东莞）照明科技有限公司与海洋王照明科技股份有限公司、深圳市海洋王照明工程有限公司表现突出，仅2012年和2013年就合作申请专利共2140项。

三、协同技术领域特征分析

表7-2反映了东莞与粤港澳大湾区其他城市合作申请专利技术领

域分布特征。从表 7－2 中可以发现五个特征。

表 7－2　东莞与粤港澳大湾区其他城市合作申请专利技术领域分布特征

分类号（部）	技术领域	项数/项	占比/%
A 部：人类生活必需	农业	12	0.27
	食品；烟草	72	1.65
	个人或家用物品	11	0.25
	保健；救生；娱乐	38	0.87
B 部：作业；运输	分离；混合	44	1.01
	成型	213	4.88
	印刷	3	0.07
	交通运输	117	2.68
	微观结构技术；纳米技术	3	0.07
C 部：化学；冶金	化学	128	2.93
	冶金	22	0.50
D 部：纺织；造纸	纺织或未列入其他类的柔性材料	3	0.07
	造纸	8	0.18
E 部：固定建筑物	建筑	36	0.82
	土层或岩石的钻进；采矿	5	0.11
F 部：机械工程；照明；加热；武器；爆破	发动机或泵	34	0.78
	照明；加热	1254	28.73
G 部：物理	仪器	1162	26.62
H 部：电学	电学	1200	27.49
合计		4365	100.00

（1）从分类号（部）来看，东莞与粤港澳大湾区其他城市合作申请专利技术分布在 8 个学部。

（2）从技术领域来看，分布在除“组合技术”“核子学”以外的 19 个技术领域。

（3）“照明；加热”“电学”和“仪器”3 个技术领域合作申请专利均超过 1000 项，分别为 1254 项、占比 28.73%，1200 项、占比

27.49%，1162项、占比26.62%，为绝对优势技术领域。

（4）“成型”“化学”和“交通运输”领域合作申请专利均超过100项，分别为213项、128项和117项，分别占比4.88%、2.93%和2.68%，为相对优势技术领域。

（5）其他技术领域合作申请专利共291项，占比6.67%，为弱势技术领域。

四、协同主体特征分析

表7－3反映了东莞与粤港澳大湾区其他城市协同主体合作申请专利数量特征。

表7－3 东莞与粤港澳大湾区其他城市协同主体合作申请专利数量特征

类别		高校	科研机构	国有企业	民营企业	高新技术企业	中外合资企业	外资企业	个人及其他社会组织	小计
东莞	协同主体数/个	2	18	12	97	69	10	19	2	229
	合作专利数/项	46	163	38	2938	242	814	122	2	4365
	平均专利数/项	23.00	9.06	3.17	30.29	3.51	81.40	6.42	1.00	19.06
其他城市	协同主体数/个	16	23	12	105	33	9	11	0	209
	合作专利数/项	286	66	44	2490	1362	81	36	0	4365
	平均专利数/项	17.88	2.87	3.67	23.71	41.27	9.00	3.27	0.00	20.89

（1）从东莞的协同主体数来看，民营企业协同主体数量最多，为97个，占协同主体总数229个的42.36%；高新技术企业数量为69个，占比30.13%。其他类别协同主体共63个，占比27.51%。

（2）从东莞的协同主体合作申请专利数来看，民营企业参与合作申请共2938项，占合作申请专利总数4365项的67.31%；中外合资企业参与合作申请共814项，占比18.65%；高新技术企业参与合作申请共242项，占比5.54%。其他类别协同主体合作申请专利共371项，占比8.50%。可见，民营企业、中外合资企业和高新技术企业在东莞与粤港澳大湾区其他城市技术创新协同中发挥着主导作用。

（3）从东莞的平均合作申请专利数来看，每个协同主体平均合作申请专利数为19.06项。中外合资企业为81.40项，民营企业为30.29项，高校为23.00项。这说明东莞的中外合资企业、民营企业和高校与粤港澳大湾区其他城市技术创新协同强度较大。

（4）从其他城市的协同主体数来看，民营企业105个，占协同主体总数209个的50.24%；高新技术企业33个，占比15.79%。其他协同主体共71个，占比33.97%。

（5）从其他城市的协同主体合作申请专利数来看，民营企业2490项，高新技术企业1362项，分别占合作申请专利总数4365项的57.04%、31.20%。可见，民营企业、高新技术企业是粤港澳大湾区其他城市与东莞开展技术创新协同的主导力量。

（6）从其他城市的平均合作申请专利数来看，每个协同主体平均合作申请专利数为20.89项。高新技术企业为41.27项，民营企业为23.71项，高校为17.88项。这说明粤港澳大湾区其他城市的高新技术企业、民营企业和高校在与东莞的技术创新协同中强度相对较大。

五、协同有效专利特征分析

东莞与粤港澳大湾区其他城市有效合作专利共有1477项，占东莞与其他城市合作申请专利总数4365项的33.84%。图7－3反映了东莞与粤港澳大湾区其他城市合作申请有效专利特征。

（1）有效年限在10年及以上的合作申请专利共10项，占有效合作申请专利总数1477项的0.68%。

（2）有效年限在5～9年的合作申请专利共1344项，占比91.00%。

（3）有效年限不足5年的专利共123项，占比8.33%。

可见，东莞与粤港澳大湾区其他城市的专利技术创新协同的核心技术价值有待进一步提升。

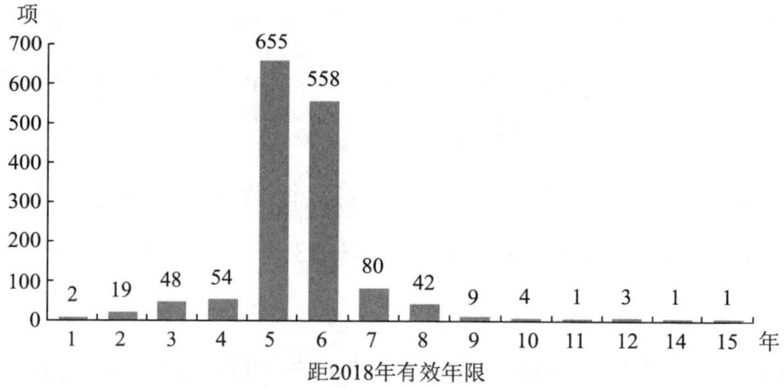

图7-3　东莞与粤港澳大湾区其他城市合作申请有效专利特征

六、协同专利技术转移特征分析

东莞与粤港澳大湾区其他城市共有79项合作申请专利实现了技术转移，仅占合作申请专利总数4365项的1.81%，与相关研究结果（约10.00%）相比，科技成果转化率较低。①

图7-4反映了东莞与粤港澳大湾区其他城市专利技术转移特征。

（1）专利技术转移数量变化趋势与合作申请专利总数变化趋势具有一定的一致性，增长趋势线拟合指数 R^2 为0.2842。

（2）专利技术转移数量没有持续增长，出现了2个峰值。2012年转移数量最大，为29项，占转移专利总数79项的36.71%；2015年转移22项，占比27.85%。这说明当前合作申请专利技术转移没有得到足够的重视，仍具有较大的潜力。

① 文剑英．科技成果转化的理性思考［J］．科研管理，2019，40（5）：175-181.

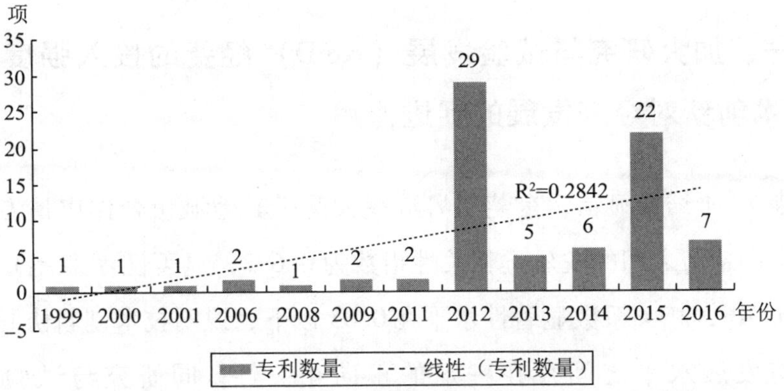

图 7－4　东莞与粤港澳大湾区其他城市专利技术转移特征

第三节　优化东莞与粤港澳大湾区技术创新协同的策略

东莞与粤港澳大湾区其他城市合作申请专利和相关影响因素的回归分析结果如表 7－4 所示。东莞要结合相关因素的影响情况，有针对性地优化实施与粤港澳大湾区其他城市的技术创新协同策略。

表 7－4　东莞与粤港澳大湾区其他城市合作申请专利和相关影响因素的回归分析结果

指标	本地生产总值	申请国家发明专利数量	研究与试验发展（R&D）经费投入数量	研究与试验发展（R&D）人员投入数量	邮电（邮政电信）业务总量	高新技术企业数	交通距离
皮尔逊相关性	0.692 *	0.508 *	0.731 **	0.912 **	0.423	0.502 *	－0.430
显著性（双尾）	0.016	0.027	0.005	0.004	0.331	0.028	0.214

注：** 表示在 0.01 级别（双尾）相关性显著；* 表示在 0.05 级别（双尾）相关性显著。

一、加大研究与试验发展（R&D）经费的投入强度，加强技术创新对经济发展的促进作用

表7－4结果显示，东莞与粤港澳大湾区其他城市合作申请专利和本地生产总值之间的皮尔逊相关性指数为0.692，显著性（双尾）检验值为0.016，相关系数显著性水平在0.05以下，说明技术创新协同水平与经济发展水平之间存在一定的正向相关性；同研究与试验发展（R&D）经费投入数量的皮尔逊相关性指数为0.731，显著性（双尾）检验值为0.005，相关系数显著性水平在0.01以下，说明技术创新协同水平与R&D经费投入水平之间存在显著的正向相关性。近几年来，东莞的地区生产总值一直稳居全省第4位，保持了良好的发展趋势。从2017年R&D经费投入强度来看，东莞共投入188.14亿元，占当年地区生产总值7582.09亿元的2.48%，投入强度约为深圳4.34%的57.14%，与全省2.48%的平均水平持平，在珠三角九市中排第4位，仅次于深圳、广州和佛山。① 从东莞经济产业组成成分来看，全球30%的玩具产自东莞，全球20%的毛衣产自东莞，全球20%的智能手机产自东莞，全球10%的运动鞋产自东莞。② 但是这些制造业均处于产业链的下游。因此，东莞在大力发展经济的同时，应该适当提升对技术创新中R&D经费的投入强度，增强技术创新对经济发展的促进作用，助力东莞向智造、创造的产业链高端转型。

① 广东省统计局．广东统计年鉴（2018）[EB/OL]．（2018－10－29）[2019－11－02]．http://stats.gd.gov.cn/gdtjnj/content/post_1424903.html.

② 东莞：驶向创新发展的“高速公路”[EB/OL]．（2019－03－28）[2019－11－02]．https://baijiahao.baidu.com/s?id=1629191396323099367&wfr=spider&for=pc.

二、提升技术创新储备和专利创新技术转移转化水平

表7－4结果显示，东莞与粤港澳大湾区其他城市合作申请专利和申请国家发明专利数量之间的皮尔逊相关性指数为0.508，显著性（双尾）检验值为0.027，相关系数显著性水平在0.05以下，说明技术创新协同水平与技术创新发展水平之间存在一定的正向相关性。2017年，东莞共申请发明专利20402项，在全省排在深圳、广州和佛山之后，位列第4，约为深圳60258项的33.86%，占全省182639项的11.17%；从万人发明专利拥有量来看，东莞为24.46项，在全省排在深圳、中山、佛山和广州之后，位列第5，约为深圳48.10项的50.85%。① 东莞与粤港澳大湾区其他城市合作申请的4365项专利中，仅有79项实现了技术转移，占合作申请专利总数的1.81%。目前，东莞正牢牢把握建设粤港澳大湾区的历史机遇，推进国家创新型城市建设，坚持以制造业为本，推动制造业从产业、产品、制造手段、产业工人四方面迈向高端，进一步强化“科技创新成果转化”这一核心功能，加快孵化和培育一批新兴产业，加快打造具有全球影响力和竞争力的世界级先进制造业产业集群，建成粤港澳大湾区先进制造业中心。② 因此，东莞要不断增强技术创新储备水平和专利创新技术转移转化能力，提升相关优势产业在粤港澳大湾区甚至在国际上的核心竞争力。

① 广东省统计局．广东统计年鉴（2018）[EB/OL]．（2018－10－29）[2019－11－02]．http://stats.gd.gov.cn/gdtjnj/content/post_1424903.html.

② 牛攀，陈育柱．东莞：打造粤港澳大湾区先进制造业中心[EB/OL]．（2019－03－13）[2019－11－02]．http://gd.people.com.cn/GB/n2/2019/0313/c123932－32733361.html.

三、充分发挥松山湖高新技术产业开发区和其他重点平台的创新人才集聚效应

表7－4结果显示，东莞与粤港澳大湾区其他城市合作申请专利和研究与试验发展（R&D）人员投入数量之间的皮尔逊相关性指数为0.912，显著性（双尾）检验值为0.004，相关系数显著性水平在0.01以下，说明技术创新协同水平与R&D人力投入水平之间存在显著的正向相关性。从2017年规模以上工业企业R&D活动人员来看，东莞为73644人，在珠三角九市中排在深圳、广州和佛山之后，位列第6，约为深圳232421人的31.69%。[①] 从人才集聚平台来看，松山湖高新技术产业开发区是东莞目前唯一的国家级高新区，获得了“中国最具发展潜力的高新技术产业开发区”“跨国公司最佳投资开发区”“信息产业国家高技术产业基地”“国家火炬创新创业园”“国家知识产权示范园区”“省部共建中国东莞留学人员创业园”“粤港澳文化创意产业实验园区”等荣誉。[②] 2017年12月，广东省正式启动建设首批4家广东省实验室，其中包括东莞材料科学与技术广东省实验室。该实验室由中国科学院物理研究所领衔，凝聚国内外在材料科学领域具有优势的高校和研究机构，打造成为具有国际重大影响的一流创新高地、高端人才会聚地、产业技术创新策源地，支撑东莞、广州、深圳、佛山等市相关实验

---

① 广东省统计局．广东统计年鉴（2018）［EB/OL］．（2018－10－29）［2019－11－02］．http://stats.gd.gov.cn/gdtjnj/content/post_1424903.html.

② 东莞松山湖高新技术产业开发区［EB/OL］．（2019－07－09）［2019－11－02］．https://baike.baidu.com/item/%E4%B8%9C%E8%8E%9E%E6%9D%BE%E5%B1%B1%E6%B9%96%E9%AB%98%E6%96%B0%E6%8A%80%E6%9C%AF%E4%BA%A7%E4%B8%9A%E5%BC%80%E5%8F%91%E5%8C%BA/1806857?fr=aladdin.

室和产业的发展。[①] 因此，东莞要紧密对接《关于贯彻落实粤港澳大湾区发展战略　全面建设国家创新型城市的实施意见》《东莞市引进十大战略科学家团队实施办法》[②]，充分发挥松山湖高新技术产业开发区和东莞材料科学与技术广东省实验室、广东电子信息工程研究院、广东省智能机器人研究院等重点平台的创新人才集聚效应，为东莞参与粤港澳大湾区协同创新发展筑牢人才基础。

四、提高高新技术企业数量和发展质量，发挥高新技术企业在产业转型升级中的引领作用

表7－4结果显示，东莞与粤港澳大湾区其他城市合作申请专利和高新技术企业数之间的皮尔逊相关性指数为0.502，显著性（双尾）检验值为0.028，相关系数显著性水平在0.05以下，说明技术创新协同水平与高新技术发展水平之间存在一定的正向相关性。从高新技术企业数量来看，东莞从2016年的2028家增至2017年的4077家，一年内实现翻倍增长，企业数量仅次于深圳和广州，居广东省地级市首位[③]，但也仅为深圳10988家的37.10%。2018年，东莞先进制造业、高技术制造业增加值占规模以上工业增加值的比重分别为52.3%、38.6%，产业结构持续优化。[④] 因此，东莞要将《关于贯彻落实粤港澳大湾区发展战略　全面建设国家创新型城市的实施意见》落到实处，大力提升高新

---

① 材料科学与技术广东省实验室在东莞揭牌［EB/OL］.（2019－07－09）［2018－02－27］. https：//baijiahao. baidu. com/s? id＝1593563386843476269&wfr＝spider&for＝pc.

② 邝聪．东莞发布全面建设国家创新型城市的实施意见［EB/OL］.（2019－04－04）［2019－11－02］. http：//news. sun0769. com/dg/video/201904/t20190404_8073752. shtml.

③ 东莞市统计局．2017年东莞市国民经济和社会发展统计公报［EB/OL］.（2018－04－16）［2019－11－02］. http：//www. dg. gov. cn/007330037/0600/201804/1800e7c1994e4edcbfc6a1c2bd33beab. shtml.

④ 戴双城．东莞全力建设国家创新型城市［EB/OL］.（2019－05－21）［2019－11－02］. http：//house. people. com. cn/n1/2019/0521/c164220－31095127. html.

技术企业数量和发展质量，将创新能力强、成长速度快、发展潜力好的高新技术企业升级为创新型企业，将成立时间短、爆发性增长的高新技术企业升级为“瞪羚企业”，构建“创新型企业—瞪羚企业—高新技术企业”梯队发展的体系①，更好地促进相关产业快速实现转型升级，支撑粤港澳大湾区创新协同发展。

五、发挥区位优势，积极融入粤港澳大湾区国际科技创新中心建设

表7－4结果显示，东莞与粤港澳大湾区其他城市合作申请专利和邮电（邮政电信）业务总量之间的皮尔逊相关性指数为0.423，显著性（双尾）检验值为0.331，相关系数显著性水平在0.05以上，说明技术创新协同水平与信息流通水平之间不存在显著正向相关性。东莞与粤港澳大湾区其他城市合作申请专利和交通距离的皮尔逊相关性指数为－0.430，显著性（双尾）检验值为0.214，相关系数显著性水平在0.05以上，说明技术创新协同水平与地理距离之间存在负向相关性，但不显著。东莞地处广深港澳科创走廊的中间，毗邻广州和深圳两个粤港澳大湾区核心城市，具有独特的地理区位优势。2018年，东莞获科技部、国家发展改革委批准创建国家创新型城市，成为继深圳、广州后广东省内新一批开展国家创新型城市建设的地级市之一，旨在依靠科技、知识、人力、文化、体制等创新要素实现创新驱动发展，提升区域辐射和引领作用，而且东莞的创新驱动对于发展动能的贡献开始逐渐增

---

① 戴双城．东莞全力建设国家创新型城市［EB/OL］．（2019－05－21）［2019－11－02］．http://house.people.com.cn/n1/2019/0521/c164220－31095127.html.

大，在创新型城市建设上已具备了坚实的基础。① 因此，东莞要充分发挥区位优势，积极融入粤港澳大湾区国际科技创新中心建设发展。一方面，要鼓励企业主动“走出去”，与相关科研院所、大学等开展技术创新合作，快速集聚国内外优质创新资源为其所用；另一方面，要积极“引进来”，通过成立新型研发机构、建设实验室或工程中心分支机构、开设企业分公司、建立高校或科研院所地方研究院等形式，增强东莞与粤港澳大湾区其他城市的技术创新协同强度。

第四节　小结

经过持续的发展，东莞的技术创新具备了深度参与全球科技合作和竞争的坚实基础，也标志着东莞的区域创新被纳入了国家的战略布局，而东莞要想成为有国际影响力的创新型城市，就必须融入粤港澳大湾区国际科技创新中心建设中。②

因此，东莞要继续提升研究与试验发展经费投入强度，增强技术创新对经济发展的促进作用，增强技术创新储备和专利创新技术转移转化水平，充分发挥松山湖高新技术产业开发区和其他重点平台的创新人才集聚效应，提升高新技术企业数量和发展质量，发挥高新技术企业在产业转型升级中的引领作用，积极利用地理区位优势，积极融入粤港澳大湾区国际科技创新中心建设发展。

①② 戴双城．东莞全力建设国家创新型城市［EB/OL］．（2019－05－21）［2019－11－02］．http://house.people.com.cn/n1/2019/0521/c164220－31095127.html.

第八章　中山与粤港澳大湾区技术创新协同研究

第一节　中山及其技术创新发展概况

一、中山区位及其优势

中山，古称“香山”，全国5个不设区的地级市之一，位于珠江三角洲中部偏南的西、北江下游出海处，北接广州市番禺区和佛山市顺德区，西邻江门市区、新会区和珠海市斗门区，东南连珠海市，东隔珠江口伶仃洋与深圳市和香港特别行政区相望。① 2018年末，中山常住人口331万人。

2018年，中山在中国城市科技创新发展指数排名中位列第19②；2019年，中山在中国百强城市排行榜中位列第55，在中国地级市百强排行榜中位列第24。③

① 中山概况［EB/OL］.（2019－08－23）［2019－09－02］. http://www.zs.gov.cn/main/about/menuview/index.action? id＝39182.

② 王明月.《中国城市科技创新发展报告2018》发布　北京科创发展水平居首［EB/OL］.（2018－12－08）［2019－08－12］. http://finance.cnr.cn/gundong/20181208/t20181208_524443945.shtml.

③ 王伟超. 中国地级市百强榜单出炉［EB/OL］.（2019－11－06）［2019－11－11］. https://henan.china.com/news/yw/2019/1106/253044219.html.

中山市先进制造业、高技术制造业增加值占规模以上工业增加值的比重分别达44.70%、19.10%，现代服务业增加值占服务业增加值的比重达61.80%①；民营经济活跃，形成装备制造、电子信息、家用电器、健康医药等一批千亿级产业集群，灯饰光源等国内市场占有率超过60%，实施了新一代信息技术、高端装备制造、健康医药等战略性新兴产业发展计划，规划建设153平方千米的九大产业发展平台，打造世界级先进制造业基地。②

二、中山专利技术创新发展特征

中山拥有高新技术企业超过2300家、省级以上创新平台456家，中国科学院药物创新研究院中山研究院（华南分院）、哈工大无人装备与人工智能创新中心、中国科学院大学创新中心、中山—香港科技大学联合创新中心、广东药科大学—香港大学创新平台等一批科技创新平台落地，省级以上创新平台增至456家；国家知识产权示范城市建设扎实推进，知识产权快速维权模式在世界知识产权组织大会上得到推广，建成技术转移和知识产权交易协同创新中心。③2018年，中山共有市级以上科技企业孵化器及众创空间65家，其中国家级孵化器5家，国家级众创空间5家，省级国际众创空间2家，省级孵化器11家，省级众创空间10家。④

①③ 中山市经济社会发展情况简介［EB/OL］.（2019－02－08）［2019－08－12］. http://www.zs.gov.cn/main/about/view/index.action? id=99593.

② 粤港澳大湾区——中山［EB/OL］.（2019－05－16）［2019－06－06］. http://www.cnbayarea.org.cn/city/index.html.

④ 中山市统计局. 中山市2018年国民经济和社会发展统计公报［EB/OL］.（2019－03－15）［2019－08－12］. http://www.tjcn.org/tjgb/19gd/35814.html.

图8－1反映了2000—2017年中山申请国家发明专利变化特征。2000—2017年，中山在国家知识产权局申请发明专利共32211项，申请项数在小幅波动中呈增长趋势，趋势线拟合指数 R^2 为0.7048，年均申请项数为1789.50项，年均增长率为42.38%。2000—2010年，申请项数较少，均在1000项以下，增长幅度波动较大，年均增长率为46.85%；2011—2017年，申请项数均在1000项以上，增幅减小并趋于平稳，年均增幅为35.37%。

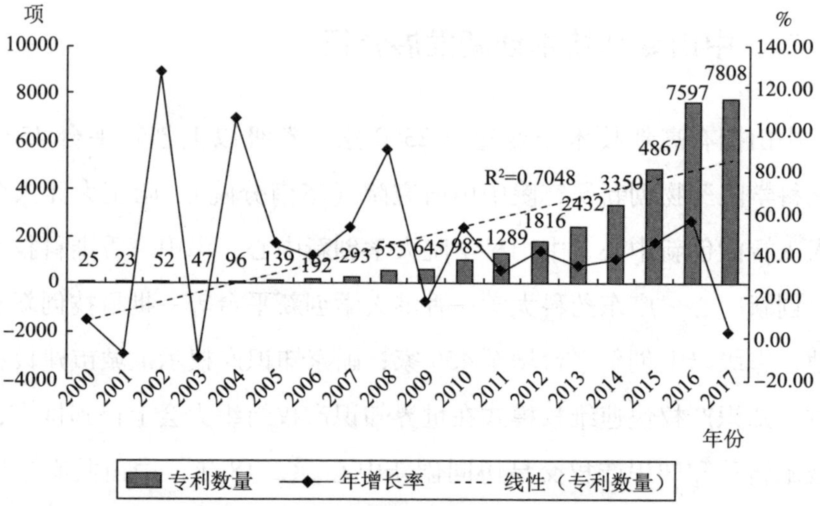

图8－1　2000—2017年中山申请国家发明专利变化特征

三、中山在粤港澳大湾区的技术创新发展定位

根据《规划纲要》，中山是粤港澳大湾区建设的重要节点城市之一。中山在粤港澳大湾区中的总体定位是：充分发挥自身优势，深化改革创新，增强城市综合实力，形成特色鲜明、功能互补，具有竞争力的重要节点城市；增强发展的协调性，强化与中心城市的互动合作，带动周边特色城镇发展，共同提升城市群发展质量。在“建设国际科技创

新中心”方面，中山要深入实施创新驱动发展战略，深化粤港澳创新合作，构建开放型融合发展的区域协同创新共同体，集聚国际创新资源，优化创新制度和政策环境，着力提升科技成果转化能力，建设全球科技创新高地和新兴产业重要策源地；加强产学研深度融合，建立以企业为主体、市场为导向、产学研深度融合的技术创新体系，支持粤港澳企业、高校、科研院所共建高水平的协同创新平台，推动科技成果转化。在“构建具有国际竞争力的现代产业体系”方面，中山要深化供给侧结构性改革，着力培育发展新产业、新业态、新模式，促进传统产业改造升级，加快发展先进制造业和现代服务业，瞄准国际先进标准，提高产业发展水平，促进产业优势互补、紧密协作、联动发展，培育若干个世界级产业集群；国家支持中山等地发挥产业链齐全的优势，加强与粤港澳大湾区产业对接，提高协作发展水平。①

中山正主动对接广深港澳科技创新走廊，积极争取国家重大科技基础设施、国家实验室等落户，实施极具竞争力、吸引力的人才政策，加快国际科技成果转移转化示范区建设，创建国家生物医药科技国际合作创新区，加快建设国际科技创新中心重要承载区和创新科技成果产业化基地；主动对接香港、澳门、广州、深圳等大湾区中心城市，着力将翠亨新区建设成为珠江口东西两岸融合互动发展示范区，高标准规划建设翠亨科学城，将其打造成为粤港澳大湾区重要合作平台，推进中山粤港澳青年创新创业合作平台建设。②

① 中共中央，国务院．粤港澳大湾区发展规划纲要［EB/OL］．（2019－02－18）［2019－03－06］．http://www.locpg.gov.cn/jsdt/2019－02/18/c_1210062255.htm.

② 粤港澳大湾区——中山［EB/OL］．（2019－05－16）［2019－06－06］．http://www.cnbayarea.org.cn/city/index.html.

第二节 中山与粤港澳大湾区技术创新协同

一、协同时序特征分析

根据国家知识产权局专利检索结果，中山市从 2006 年开始与粤港澳大湾区其他城市有了 4 项合作申请专利。除 2007 年为 0 外，2006—2017 年根据有效原始数据信息，按照“申请日”统计，中山与粤港澳大湾区其他城市合作申请专利共 178 项，占其申请专利总数 32211 项的 0.55%。

图 8 -2 反映了 2008—2017 年中山与粤港澳大湾区其他城市合作申请专利变化特征。

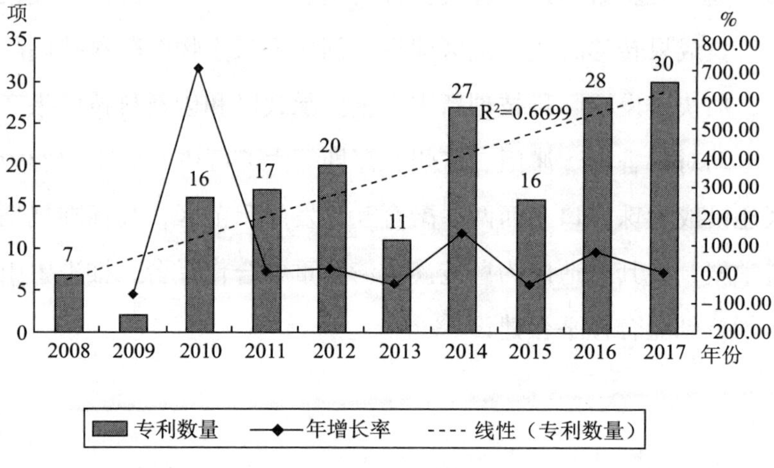

图 8 -2 2008—2017 年中山与粤港澳大湾区其他城市合作申请专利变化特征

（1）合作申请专利数在波动中呈增长趋势，趋势线拟合指数 R^2 为 0.6699，年均增长率为 88.26%，年均合作申请专利数为 17.40 项。

（2）合作申请专利数量年增长率在 2010 年出现了一个峰值，说明中山与粤港澳大湾区其他城市合作申请专利在 2010 年前后处于起步阶段。2011 年以后，年增长率波动相对较小，虽然呈现增长趋势，但增长幅度和数量都较缓慢，说明中山与粤港澳大湾区其他城市技术创新协同发展处于缓慢状态，政府仍需在此方面加大投入力度。

（3）中山与粤港澳大湾区其他城市合作申请专利数量在 2017 年达到最大值，为 30 项。分析发现，2017 年中山与深圳、广州和珠海的合作申请专利分别达到 8 项、6 项和 6 项，分别占 2017 年中山与粤港澳大湾区其他城市合作申请专利总数 30 项的 26.67%、20.00% 和 20.00%。

二、协同区域特征分析

表 8－1 反映了中山与粤港澳大湾区其他城市合作申请专利区域分布特征。

表 8－1　中山与粤港澳大湾区其他城市合作申请专利区域分布特征

项目	珠海	广州	深圳	东莞	佛山	江门	肇庆	合计
项数/项	66	49	43	9	7	3	1	178
占比/%	37.08	27.53	24.16	5.06	3.93	1.69	0.56	100.00

（1）中山与除香港、澳门和惠州以外的 7 个粤港澳大湾区城市建立了合作申请专利技术创新协同关系。

（2）中山与粤港澳大湾区其他城市合作申请专利平均项数为 25.43 项。

（3）中山与珠海、广州和深圳三市合作申请专利数量相对较大，均超过 40 项，占比 88.76%。其中，珠海最多，为 66 项，占比 37.08%；广州为 49 项，占比 27.53%；深圳为 43 项，占比 24.16%。

（4）中山与东莞、佛山、江门和肇庆合作申请专利共 20 项，占比 11.24%。

（5）中山与珠海、江门合作申请专利共 69 项，占比 38.77%；江门仅 3 项，占比 1.69%。“珠中江经济圈”技术创新没有得到整体协调发展。

三、协同技术领域特征分析

表 8 –2 反映了中山与粤港澳大湾区其他城市合作申请专利技术领域分布特征。

表 8 –2　中山与粤港澳大湾区其他城市合作申请专利技术领域分布特征

分类号（部）	技术领域	项数/项	占比/%
A 部：人类生活必需	农业	1	0.56
	食品；烟草	16	8.99
	个人或家用物品	14	7.87
	保健；救生；娱乐	3	1.69
B 部：作业；运输	分离；混合	1	0.56
	成型	11	6.18
	印刷	3	1.69
	交通运输	10	5.62
C 部：化学；冶金	化学	15	8.43
	冶金	14	7.87
D 部：纺织；造纸	纺织或未列入其他类的柔性材料	1	0.56
E 部：固定建筑物	建筑	5	2.81
F 部：机械工程；照明；加热；武器；爆破	发动机或泵	17	9.55
	照明；加热	8	4.49
G 部：物理	仪器	29	16.29
H 部：电学	电学	30	16.85
合计		178	100.00

（1）从分类号（部）来看，中山与粤港澳大湾区其他城市合作申请专利技术领域分布在 8 个学部。

（2）从技术领域来看，分布在除“微观结构技术；纳米技术”“组合技术”“造纸”“土层或岩石的钻进；采矿”“核子学”以外的 16 个技术领域。

（3）“电学”领域合作申请专利为 30 项，占合作申请专利总数 178 项的 16.85%；“仪器”领域为 29 项，占比 16.29%。这两个领域合作申请专利项数比例均超过 10%，为绝对优势技术领域。

（4）“发动机或泵”领域合作申请专利 17 项，占比 9.55%，“食品；烟草”领域合作申请专利 16 项，占比 8.99%，“化学”领域合作申请专利 15 项，占比 8.43%，为优势技术领域。

（5）“个人或家用物品”和“冶金”领域合作申请专利各 14 项，分别占比 7.87%；“成型”领域合作申请专利 11 项，占比 6.18%；“交通运输”领域合作申请专利 10 项，占比 5.62%。这些为相对优势技术领域。

（6）“照明；加热”“建筑”“印刷”“保健；救生；娱乐”“农业”“分离；混合”“纺织或未列入其他类的柔性材料”合作申请专利共 22 项，占比 12.36%，为弱势技术领域。

四、协同主体特征分析

表 8－3 反映了中山与粤港澳大湾区其他城市协同主体合作申请专利数量特征。

表 8－3 中山与粤港澳大湾区其他城市协同主体合作申请专利数量特征

类别		高校	科研机构	国有企业	民营企业	高新技术企业	中外合资企业	外资企业	小计
中山	协同主体数/个	4	2	8	27	10	4	2	57
	合作专利数/项	18	8	13	107	21	8	3	178
	平均专利数/项	4.50	4.00	1.63	3.96	2.10	2.00	1.50	3.12
其他城市	协同主体数/个	11	4	7	23	6	1	2	54
	合作专利数/项	50	6	58	46	9	1	8	178
	平均专利数/项	4.55	1.50	8.29	2.00	1.50	1.00	4.00	3.30

（1）从中山的协同主体数来看，民营企业协同主体数量为 27 个，占协同主体总数 57 个的 47.37%；高新技术企业数量为 10 个，占比 17.54%。这两种类型主体数量均超过 10 个，占总主体数的 64.91%。其他类型协同主体共 20 个，占比 35.09%。

（2）从中山的协同主体合作申请专利数来看，民营企业 107 项，占合作申请专利总数 178 项的 60.11%；高新技术企业 21 项，占比 11.80%。可见，中山的民营企业、高新技术企业在与粤港澳大湾区其他城市技术创新协同中发挥着主导作用。

（3）从中山的平均合作申请专利数来看，每个协同主体平均合作申请专利数为 3.12 项。高校为 4.50 项，科研机构为 4.00 项，民营企业为 3.96 项。说明中山高校、科研机构和民营企业与粤港澳大湾区其他城市技术创新协同强度较大。

（4）从其他城市的协同主体数来看，民营企业 23 个，占总协同主体数量 54 个的 42.60%；高校 11 个，占比 20.37%。这两种类型主体数量均超过 10 个，占总主体数的 62.96%。其他类型协同主体共 20 个，占比 37.04%。

（5）从其他城市的协同主体合作申请专利数来看，国有企业 58 项，占合作申请专利总数 178 项的 32.58%；高校 50 项，占比 28.09%；

民营企业46项，占比25.84%。可见，国有企业、高校和民营企业是粤港澳大湾区其他城市与中山开展技术创新协同的主导力量。

（6）从其他城市的平均合作申请专利数来看，每个协同主体平均合作申请专利数为3.30项。国有企业为8.29项，高校为4.55项，外资企业为4.00项。这说明粤港澳大湾区其他城市的国有企业、高校和外资企业与中山的技术创新协同强度较大。

五、协同有效专利特征分析

中山与粤港澳大湾区其他城市有效合作申请专利共57项，占中山与其他城市合作申请专利总数178项的32.02%。图8－3反映了中山与粤港澳大湾区其他城市合作申请有效专利特征。

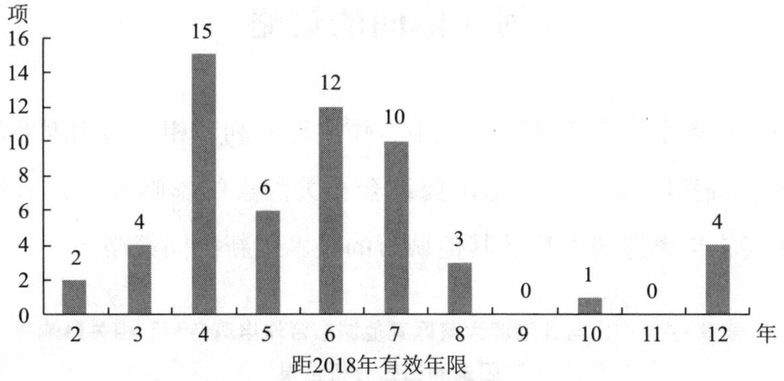

图8－3　中山与粤港澳大湾区其他城市合作申请有效专利特征

（1）合作申请专利有效年限最长的为12年，共4项，占有效合作申请专利总数57项的7.02%。

（2）有效年限在10年及以上的合作申请专利共5项，占比8.78%。

（3）有效年限在5～9年的合作申请专利共31项，占比54.39%。

（4）有效年限不到5年的合作申请专利共21项，占比36.84%。

可见，中山与粤港澳大湾区其他城市的合作申请专利的技术创新核心价值有待提升。

六、协同专利技术转移特征分析

中山与粤港澳大湾区其他城市共有9项合作申请专利实现了技术转移，转移数量偏低，仅占合作申请专利总数178项的5.06%。其中，2010年转移1项，2016年转移8项，与相关研究结果（约10.00%）相比，科技成果转化率较低。①

第三节　优化中山与粤港澳大湾区技术创新协同的策略

中山与粤港澳大湾区其他城市合作申请专利和相关影响因素的回归分析结果如表8-4所示。中山要结合相关因素的影响情况，有针对性地优化实施与粤港澳大湾区其他城市的技术创新协同策略。

表8-4　中山与粤港澳大湾区其他城市合作申请专利和相关影响因素的回归分析结果

指标	本地生产总值	申请国家发明专利数量	研究与试验发展（R&D）经费投入数量	研究与试验发展（R&D）人员投入数量	邮电（邮政电信）业务总量	高新技术企业数	交通距离
皮尔逊相关性	0.789*	0.742*	0.770*	0.690*	0.389	0.629	-0.339
显著性（双尾）	0.012	0.022	0.015	0.040	0.301	0.070	0.338

注：*表示在0.05级别（双尾）相关性显著。

① 文剑英．科技成果转化的理性思考［J］．科研管理，2019，40（5）：175-181.

一、加强研究与试验发展（R&D）经费投入对技术创新的促进作用

表8－4结果显示，中山与粤港澳大湾区其他城市合作申请专利和本地生产总值之间的皮尔逊相关性指数为0.789，显著性（双尾）检验值为0.012，相关系数显著性水平在0.05以下，说明技术创新协同水平与经济发展水平之间存在正向相关性；同研究与试验发展（R&D）经费投入数量的皮尔逊相关性指数为0.770，显著性（双尾）检验值为0.015，相关系数显著性水平在0.05以下，说明技术创新协同水平与R&D经费投入水平之间存在正向相关性。2017年，中山的地区生产总值为3450.31亿元，在广东省排第6位。但中山R&D经费投入强度仅为2.31%，低于广东省全省2.48%的平均水平，排在深圳、珠海、广州、惠州和佛山之后，仅为深圳4.34%的53.23%。[①] 因此，一方面，中山要继续保持经济健康和可持续发展；另一方面，中山也要提升研究与试验发展（R&D）经费投入水平，发挥中山在粤港澳大湾区技术创新协同中的作用。

二、进一步提高创新技术储备数量，提高创新要素竞争力

表8－4结果显示，中山与粤港澳大湾区其他城市合作申请专利和申请国家发明专利数量之间的皮尔逊相关性指数为0.742，显著性（双尾）检验值为0.022，相关系数显著性水平在0.05以下，说明技术创新协同水平与技术创新发展水平之间存在一定的正向相关性。2017年，

① 广东省统计局．广东统计年鉴（2018）［EB/OL］．（2018－10－29）［2019－11－02］．http://stats.gd.gov.cn/gdtjnj/content/post_1424903.html.

中山发明专利申请量为7808项，在粤港澳大湾区城市中排第6位，但仅为深圳60258项的12.96%、广州36941项的21.14%、佛山25899项的30.15%、东莞20402项的38.27%。从每万人口发明专利拥有量来看，中山为23.95项，在粤港澳大湾区城市中排第6位，但也仅为深圳48.10项的49.79%、珠海40.01项的59.86%，不及佛山的33.83项、广州的25.48项和东莞的24.46项。① 可见，中山在技术创新储备方面具有一定的发展优势，但与深圳、广州、珠海、佛山、东莞等粤港澳大湾区其他城市相比，还有一定差距。因此，中山要紧抓粤港澳大湾区建设机遇，通过政府补贴、企业奖励、协同申请等方式，激发申请专利的积极性，提升专利创新技术储备数量，增强创新要素在中山社会经济发展中的竞争力。

三、加强各种级别技术创新主体建设，增强研究与试验发展（R&D）人员投入力度

表8-4结果显示，中山与粤港澳大湾区其他城市合作申请专利和研究与试验发展（R&D）人员投入数量之间的皮尔逊相关性指数为0.690，显著性（双尾）检验值为0.040，相关系数显著性水平在0.05以下，说明技术创新协同水平与R&D人力投入水平之间存在一定的正向相关性。近年来，中山积极参与粤港澳大湾区国际科技创新中心建设，打造国际科技创新中心重要承载区和创新成果产业化基地，取得了良好的效果。② 但从2017年规模以上工业企业R&D活动人员投入来

① 广东省统计局．广东统计年鉴（2018）［EB/OL］．（2018-10-29）［2019-11-02］．http://stats.gd.gov.cn/gdtjnj/content/post_1424903.html.

② 罗丽娟．中山全面提升城市能级 "创新中山"再出发［EB/OL］．（2019-10-21）［2019-11-02］．http://epaper.southcn.com/nfdaily/html/2019-10/21/content_7827978.htm.

看，中山为45301人，在粤港澳大湾区城市中排第5位，但也仅为深圳232421人的19.49%、广州97894人的46.28%、佛山96072人的47.15%、东莞73644人的61.51%①，具有明显的差距。因此，中山要加强各种级别技术创新主体建设，通过集聚人才增强研究与试验发展人员投入力度。一是推进中山与中国工程物理研究院激光聚变研究中心共建中山光子科学中心项目建设，发挥大科学装置在技术创新人才集聚和创新产出方面的作用。二是推进中山职业技术学院与瑞士洛桑酒店管理学院合作办学项目、电子科技大学中山学院与德国代根多夫应用技术大学合作办学项目，全面提升中山的高校办学水平；加大力度推进中山科技大学、香山大学建设；引进澳门科技大学等知名高校在中山办学；加快推进香港科技大学中山联合创新中心、复旦—中山电光源联合创新中心（中山）和中山早稻田科技创新中心等建设。三是加快粤澳青年创新创业基地（中山）和澳门中山青年创新创业平台的建设，发挥中山在粤港澳大湾区协同创新中的作用。②

四、大力培育创新型企业，充分激发中小微企业参与技术创新的积极性和创造性

表8-4结果显示，中山与粤港澳大湾区其他城市合作申请专利和高新技术企业数之间的皮尔逊相关性指数为0.629，显著性（双尾）检验值为0.070，相关系数显著性水平在0.05以上，说明技术创新协同水平与高新技术发展水平之间的相关性不明显。从高新技术企业数量来

① 广东省统计局．广东统计年鉴（2018）[EB/OL]．(2018-10-29)[2019-11-02]. http://stats.gd.gov.cn/gdtjnj/content/post_1424903.html.

② 罗丽娟．中山全面提升城市能级　“创新中山”再出发[EB/OL]．(2019-10-21)[2019-11-02]. http://epaper.southcn.com/nfdaily/html/2019-10/21/content_7827978.htm.

看，截至2017年底，中山高新技术企业数量为1718家，在全国城市中排名第14，但也仅为深圳10988家的15.64%、广州8700家的19.75%。[①] 因此，中山除了要继续发挥高新技术企业在技术创新中的作用，还要大力培育创新型企业，推动中山产业转型升级，促进形成“基础研究+技术攻关+平台建设+人才团队+成果产业化”的一体化布局，推动建设创新型产业集群集聚区，推动中山对接粤港澳大湾区、融入全球创新网络。[②] 目前，中山市民营经济发达，中小微企业占全市企业数量90%以上，其中不乏享誉全球的“隐形冠军”，如有“中国半导体智能照明创新基地”之称的小榄、世界级照明航母木林森股份有限公司、装饰灯带冠军广东欧曼科技股份有限公司、“台灯大王”广东光阳电器有限公司、LED路灯佼佼者鸿宝科技股份有限公司等很多既手握核心技术又在细分市场上领先的“隐形冠军”。[③] 因此，中山还要充分激发这些“隐形冠军”中小微企业参与技术创新的积极性和创造性，为中山参与粤港澳大湾区技术创新协同做出应有贡献。

五、发挥位于粤港澳大湾区几何中心的区位优势，参与珠江西岸科创走廊建设，积极融入粤港澳创新圈

表8-4结果显示，中山与粤港澳大湾区其他城市合作申请专利和邮电（邮政电信）业务总量之间的皮尔逊相关性指数为0.389，显著性（双尾）检验值为0.301，相关系数显著性水平在0.05以上，说明技术

① 张赛．高新企业数量对比：广州碾压所有二线城市［EB/OL］．（2018-09-18）［2019-09-02］．https：//baijiahao.baidu.com/s？id=1611924893418334705&wfr=spider&for=pc.

② 罗丽娟．中山升级版创新力量如何炼成［EB/OL］．（2019-08-09）［2019-09-02］．http://www.sohu.com/a/332511213_99986045.

③ 叶青．除了世界级照明航母，中山小榄还有这么多隐形冠军［EB/OL］．（2019-06-19）［2019-09-02］．http://m.lightingchina.com/news/63699.html.

创新协同水平与信息流通水平之间不存在显著的相关性。中山与粤港澳大湾区其他城市合作申请专利和交通距离的皮尔逊相关性指数为-0.339，显著性（双尾）检验值为0.338，相关系数显著性水平在0.05以上，即技术创新协同水平与地理距离之间存在负向相关性，但不显著，即信息流通水平和地理位置对中山参与粤港澳大湾区技术创新协同的消极影响不明显。中山位于粤港澳大湾区几何中心区位，地理位置得天独厚。因此，中山可以主动对接广深港澳科技创新走廊建设，通过与珠海、澳门、广州南沙等的协同创新，在珠江西岸的创新轴上崛起为现代化、国际化的创新型城市，在积极融入粤港澳创新圈过程中实现自主创新与开放创新协同发展。

第四节 小结

在技术创新发展方面，中山的优势在于具有完善的产业链、供应链，拥有活跃的创新产业环境，创业者从创意生产到产品推出的速度快、成本低。中山积极推进创新平台建设，吸引了哈尔滨工业大学无人装备与人工智能创新中心、中国科学院药物创新研究院中山研究院、中国科学院大学（中山）创新中心等一大批重大科技创新平台相继落户。中山参与粤港澳大湾区协同发展的积极信号已非常明显。①

在全球价值链中参与国际产业分工、粤港澳大湾区创新协调发展背景下，中山同样面临新挑战。因此，中山要增强研究与试验发展经费投入对技术创新的促进作用，进一步提升创新技术储备数量，增强创新要

① 罗丽娟．中山升级版创新力量如何炼成［EB/OL］．（2019-08-09）［2019-09-02］．http://www.sohu.com/a/332511213_99986045.

素竞争力，加强各种级别技术创新主体建设，加大研究与试验发展人员投入力度，大力培育创新型企业，充分激发中小微企业参与技术创新的积极性和创造性，发挥位于粤港澳大湾区几何中心的区位优势，参与珠江西岸科创走廊建设，积极融入粤港澳创新圈。

第九章　江门与粤港澳大湾区技术创新协同研究

第一节　江门及其技术创新发展概况

一、江门区位及其优势

江门，别称“五邑”，位于珠江三角洲西部，濒临南海，毗邻港澳，是珠江三角洲西部地区的中心城市之一。江门是粤港澳大湾区与粤西连接的重要交通枢纽，东邻中山、珠海，西连阳江，北接广州、佛山、肇庆。祖籍江门的华人华侨和港澳台同胞众多，并分布全球五大洲，素有“中国第一侨乡”的美誉。①

2018 年，江门市常住人口 459.82 万人，在中国海关总署主办的《中国海关》杂志公布的 2018 年“中国外贸百强城市”排名中，江门排名第 41。② 2019 年，江门在中国百强城市排行榜中位列第 73，在中

---

① 国务院办公厅．国务院办公厅关于批准江门市城市总体规划的通知［EB/OL］．（2011－05－17）［2019－09－02］．http://www.gov.cn/zhengce/content/2011－05/17/content_5303.htm.

② 鲍一凡．2018 年中国外贸百强城市出炉：深圳上海东莞排名前三［EB/OL］．（2019－08－02）［2019－09－06］．https://finance.sina.com.cn/china/gncj/2019－08－02/doc－ihytcerm8104101.shtml.

国城市科技创新发展指数排名中位列第118。① 江门着重打造粤港澳大湾区先进制造业强市，其中高端装备制造、新一代信息技术、新能源汽车及零部件、大健康、新材料五大新兴产业发展迅速。②

二、江门专利技术创新发展特征

2018年，江门全年地方财政科学技术支出13.17亿元，比2017年增长18.40%，全市拥有各类专业技术人员20.12万人，增长3.60%。③按照《江门市创建国家创新型城市实施方案》，加快推进以科技创新为核心的全面创新，大力发展高新技术产业和战略性新兴产业，强化科技创新对经济高质量发展和新旧动能转换的引领作用，把江门打造成国家创新型城市，并积极参与粤港澳大湾区国际科技创新中心建设。④

图9－1反映了2000—2017年江门申请国家发明专利变化特征。2000—2017年，江门在国家知识产权局共申请发明专利18954项。除2007年外，申请项数均稳步增长，趋势线拟合指数 R^2 为0.6728，年均申请项数为1053.00项，年均增长率为53.23%。2000—2008年增长幅度波动较大，年均增幅为61.46%；2009—2017年增幅减小，且趋于平缓，年均增幅为39.00%。

---

① 王明月．《中国城市科技创新发展报告2018》发布 北京科创发展水平居首［EB/OL］．（2018－12－08）［2019－08－12］．http://finance.cnr.cn/gundong/20181208/t20181208_524443945.shtml.

② 粤港澳大湾区——江门［EB/OL］．（2019－05－16）［2019－06－06］．http://www.cnbayarea.org.cn/city/index.html.

③ 江门市统计局．江门市2018年国民经济和社会发展统计公报［EB/OL］．（2019－03－26）［2019－09－02］．http://www.tjcn.org/tjgb/19gd/35810_2.html.

④ 江门市人民政府办公室．江门市人民政府印发《关于进一步促进科技创新推动高质量发展工作措施》的通知［EB/OL］．（2019－07－30）［2019－09－02］．http://zwgk.jiangmen.gov.cn/xxgk_sfb/201908/t20190812_1985197.html.

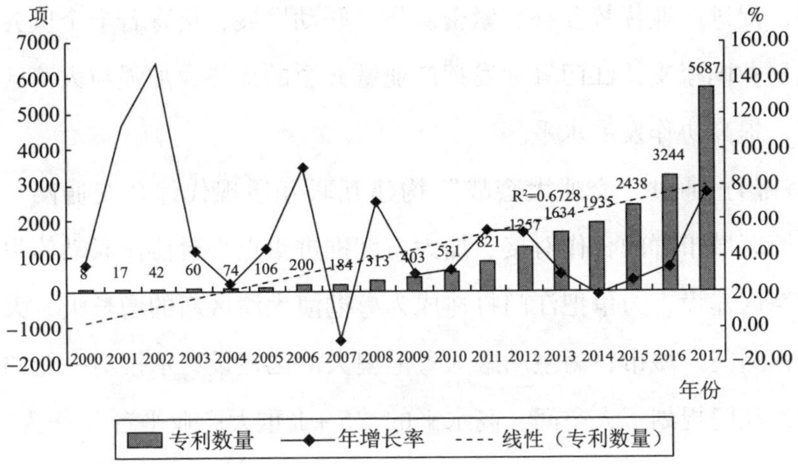

图9-1　2000—2017年江门申请国家发明专利变化特征

三、江门在粤港澳大湾区的技术创新发展定位

根据《规划纲要》，江门是粤港澳大湾区建设的重要节点城市之一。江门在粤港澳大湾区中的总体定位是：充分发挥自身优势，深化改革创新，增强城市综合实力，形成特色鲜明、功能互补、具有竞争力的重要节点城市；增强发展的协调性，强化与中心城市的互动合作，带动周边特色城镇发展，共同提升城市群发展质量。在“建设国际科技创新中心”方面，江门要深入实施创新驱动发展战略，深化粤港澳创新合作，构建开放型融合发展的区域协同创新共同体，集聚国际创新资源，优化创新制度和政策环境，着力提升科技成果转化能力，建设全球科技创新高地和新兴产业重要策源地；加强产学研深度融合，建立以企业为主体、市场为导向、产学研深度融合的技术创新体系。在“构建具有国际竞争力的现代产业体系”方面，江门要深化供给侧结构性改革，着力培育发展新产业、新业态、新模式，促进传统产业改造升级，加快发展先进制造业和现代服务业，瞄准国际先进标准，提高产业发展

水平，促进产业优势互补、紧密协作、联动发展，培育若干个世界级产业集群；国家支持江门等地发挥产业链齐全的优势，加强与大湾区产业对接，提高协作发展水平。①

江门正通过“交通大会战”构建互联互通现代综合交通网、加强与大湾区城市群的合作对接、加大力度推进重点平台协作联动等举措推进大湾区建设，力争把江门打造成为粤港澳大湾区新的增长极、大湾区西翼枢纽门户城市；为主动融入粤港澳大湾区建设，承接新一轮的产业转移，江门规划了大空间、高水平的“5+1 重大产业平台”作为支撑。通过加大资金投入、人才引进和基础设施建设，“5+1 重大产业平台”将成为江门融入粤港澳大湾区建设的重要合作发展平台。②

第二节　江门与粤港澳大湾区技术创新协同

一、协同时序特征分析

江门从 2008 年开始与粤港澳大湾区其他城市合作申请专利，2008 年 2 项、2009 年 4 项，从 2011 年开始才形成了连续的专利技术创新协同关系。2008—2017 年，根据有效原始数据信息，按照“申请日”统计，江门与粤港澳大湾区其他城市合作申请专利共 137 项，占申请专利总数 18954 项的 0.73%。

---

① 中共中央，国务院．粤港澳大湾区发展规划纲要［EB/OL］.（2019－02－18）［2019－03－06］. http://www.locpg.gov.cn/jsdt/2019－02/18/c_1210062255.htm.

② 粤港澳大湾区——江门［EB/OL］.（2019－05－16）［2019－06－06］. http://www.cnbayarea.org.cn/city/index.html.

图 9-2 反映了 2011—2017 年江门与粤港澳大湾区其他城市合作申请专利变化特征。

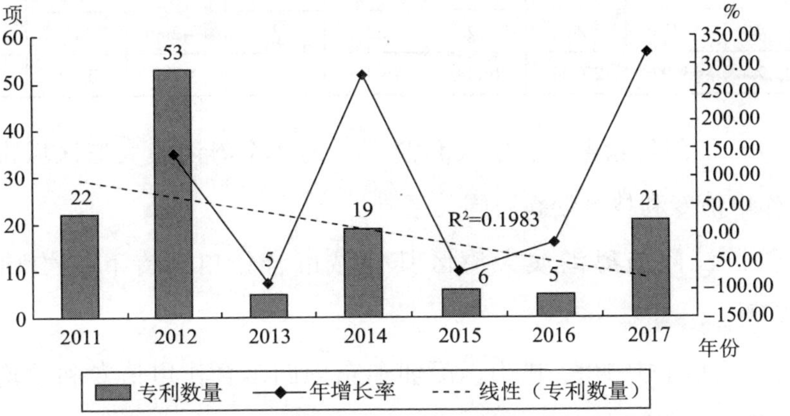

图 9-2　2011—2017 年江门与粤港澳大湾区其他城市合作申请专利变化特征

（1）合作申请专利数在波动中呈减少趋势，趋势线拟合指数 R^2 为 0.1983，年均合作申请专利数为 18.71 项。说明江门与粤港澳大湾区其他城市没有形成稳定的专利技术创新协同关系。

（2）2012 年的合作申请专利数量最多，为 53 项，占合作申请专利总数 137 项的 38.69%。

（3）分析发现，江门海大饲料有限公司参与合作申请专利数量最多，共 69 项，占合作申请专利总数 137 项的 50.36%。合作申请的企业包括东莞市海大饲料有限公司、佛山市海航饲料有限公司、广州市番禺区大川饲料有限公司、广东海大集团股份有限公司、广州市海维饲料有限公司等。

二、协同区域特征分析

表 9-1 反映了江门与粤港澳大湾区其他城市合作申请专利区域分布特征。

表 9－1　江门与粤港澳大湾区其他城市合作申请专利区域分布特征

项目	广州	佛山	深圳	东莞	中山	珠海	香港	合计
项数/项	59	28	22	22	3	2	1	137
占比/%	43.07	20.44	16.06	16.06	2.19	1.46	0.73	100.00

（1）江门与除惠州、肇庆和澳门外的 7 个粤港澳大湾区城市建立了合作申请专利技术创新协同关系。

（2）江门与粤港澳大湾区其他城市合作申请专利平均项数为 19.57 项。

（3）江门与广州、佛山、深圳和东莞四市合作申请专利数均不少于 20 项，分别为 59 项、28 项、22 项和 22 项，分别占比 43.07%、20.44%、16.06%和 16.06%，四市共 131 项，占合作申请专利总数 137 项的 95.62%。

（4）江门与中山、香港、珠海合作申请专利共 6 项，占比 4.38%。而江门与珠海、中山仅合作申请专利 5 项，占比 3.65%，说明“珠中江经济圈”技术创新没有得到整体协调发展。

三、协同技术领域特征分析

表 9－2 反映了江门与粤港澳大湾区其他城市合作申请专利技术领域分布特征。

表 9－2　江门与粤港澳大湾区其他城市合作申请专利技术领域分布特征

分类号（部）	技术领域	项数/项	占比/%
A 部：人类生活必需	食品；烟草	64	46.72
	个人或家用物品	1	0.73
	保健；救生；娱乐	8	5.84

续表

分类号（部）	技术领域	项数/项	占比/%
B部：作业；运输	分离；混合	1	0.73
	成型	1	0.73
	交通运输	4	2.92
C部：化学；冶金	化学	8	5.84
F部：机械工程；照明；加热；武器；爆破	发动机或泵	3	2.19
	照明；加热	8	5.84
G部：物理	仪器	22	16.06
H部：电学	电学	17	12.41
合计		137	100.00

（1）从分类号（部）来看，江门与粤港澳大湾区其他城市合作申请专利分布在除“D部：纺织；造纸”和“E部：固定建筑物”外的6个学部。

（2）从技术领域来看，分布在除“农业”“印刷”“微观结构技术；纳米技术”“冶金”“组合技术”“纺织或未列入其他类的柔性材料”“造纸”“建筑”“土层或岩石的钻进；采矿”和“核子学”以外的11个领域。

（3）“食品；烟草”领域合作申请专利64项，占比46.72%，为绝对优势技术领域。

（4）“仪器”“电学”领域分别合作申请专利22项、17项，分别占比16.06%、12.41%。这些技术领域合作申请专利的比例均超过10.00%，为优势技术领域。

（5）“保健；救生；娱乐”“化学”和“照明；加热”领域合作申请专利均为8项，分别占比5.84%，为相对优势技术领域。

（6）“交通运输”“发动机或泵”“个人或家用物品”“分离；混合”和“成型”领域合作申请专利共10项，占比7.30%，为弱势技术领域。

四、协同主体特征分析

表9－3反映了江门与粤港澳大湾区其他城市协同主体合作申请专利数量特征。

表9－3　江门与粤港澳大湾区其他城市协同主体合作申请专利数量特征

类别		高校	科研机构	国有企业	民营企业	高新技术企业	中外合资企业	外资企业	小计
江门	协同主体数/个	1	2	5	12	4	0	7	31
	合作专利数/项	4	4	12	102	5	0	10	137
	平均专利数/项	4.00	2.00	2.40	8.50	1.25	0.00	1.43	4.42
其他城市	协同主体数/个	6	1	4	16	7	2	4	40
	合作专利数/项	19	2	4	60	22	15	15	137
	平均专利数/项	3.17	2.00	1.00	3.75	3.14	7.50	3.75	3.43

（1）从江门的协同主体数来看，民营企业数量为12个，占协同主体总数31个的38.71%；外资企业协同主体数量为7个，占比22.58%。这两种类型主体数量所占比例均超过20%。其他类型协同主体共12个，占比38.71%。

（2）从江门的协同主体合作申请专利数来看，民营企业参与合作申请专利102项，占合作申请专利总数137项的74.45%。可见，民营企业在江门与粤港澳大湾区其他城市技术创新协同中发挥着主导作用。

（3）从江门的平均合作申请专利数来看，每个协同主体平均合作申请专利数为4.42项。民营企业为8.50项，说明江门民营企业与粤港澳大湾区其他城市技术创新协同强度较大。

（4）从其他城市的协同主体数来看，民营企业16个，占协同主体数量40个的40.00%；高新技术企业7个，占比17.50%；高校6个，占比15.00%。其他协同主体共11个，占比27.50%。

（5）从其他城市的协同主体合作申请专利数来看，民营企业 60 项，占比43.80%；高新技术企业22 项，占比16.06%；高校19 项，占比 13.87%。可见，民营企业、高新技术企业和高校是粤港澳大湾区其他城市与江门开展技术创新协同的主导力量。

（6）从其他城市的平均合作申请专利数来看，每个协同主体平均合作申请专利数为 3.43 项。中外合资企业 7.50 项，民营企业和外资企业均为 3.75 项，说明粤港澳大湾区其他城市的中外合资企业、民营企业和外资企业与江门的技术创新协同强度较大。

五、协同有效专利特征分析

江门与粤港澳大湾区其他城市有效合作专利共有 65 项，占江门与其他城市合作专利总数 137 项的 47.45%。图 9－3 反映了江门与粤港澳大湾区其他城市合作申请有效专利特征。

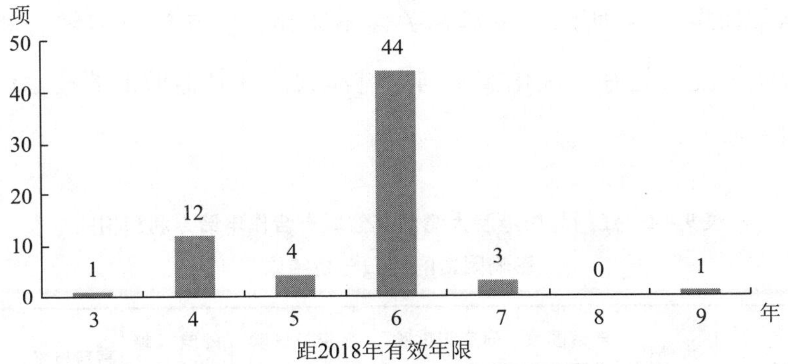

图 9－3 江门与粤港澳大湾区其他城市合作申请有效专利特征

（1）有效年限最长的为 9 年，共有 1 项专利，占有效专利总数 65 项的 1.54%。

（2）有效年限在 5 年及以上的合作申请专利共 52 项，占比 80.00%。

（3）有效年限在 5 年以下的专利共 13 项，占比 20.00%。

（4）有效年限为6年的专利最多，为44项，占比67.69%。

六、协同专利技术转移特征分析

江门与粤港澳大湾区其他城市共有12项合作申请专利实现了技术转移，占合作申请专利总数137项的8.76%，与相关研究结果（约10.00%）相比，科技成果转化率较低。① 另外，这12项专利均是在2012年申请的。

第三节　优化江门与粤港澳大湾区技术创新协同的策略

江门与粤港澳大湾区其他城市合作申请专利和相关影响因素的回归分析结果如表9－4所示。虽然相关性不明显，但江门仍需结合相关因素的影响情况，更好地优化实施与粤港澳大湾区其他城市的技术创新协同策略。

表9－4　江门与粤港澳大湾区其他城市合作申请专利和相关影响因素的回归分析结果

指标	本地生产总值	申请国家发明专利数量	研究与试验发展（R&D）经费投入数量	研究与试验发展（R&D）人员投入数量	邮电（邮政电信）业务总量	高新技术企业数	交通距离
皮尔逊相关性	0.521	0.736	0.456	0.395	0.523	0.403	－0.149
显著性（双尾）	0.231	0.122	0.267	0.258	0.121	0.298	0.681

① 文剑英．科技成果转化的理性思考［J］．科研管理，2019，40（5）：175－181.

一、保持经济健康发展，保障和加大研究与试验发展（R&D）经费的投入强度

表9－4结果显示，江门与粤港澳大湾区其他城市合作申请专利和本地生产总值之间的皮尔逊相关性指数为0.521，显著性（双尾）检验值为0.231，相关系数显著性水平在0.05以上，说明技术创新协同水平与经济发展水平之间的相关性不明显；同研究与试验发展（R&D）经费投入数量的皮尔逊相关性指数为0.456，显著性（双尾）检验值为0.267，相关系数显著性水平在0.05以上，说明技术创新协同水平与R&D经费投入水平之间的相关性不明显。2017年，江门的地区生产总值总量为2690.25亿元，在珠三角九市中排名第7，仅高于珠海和肇庆，三次产业结构比为7.2∶48.1∶44.7。从R&D经费投入强度来看，江门为1.91%，在珠三角九市中排名第8，仅高于肇庆，为深圳4.34%的44.01%，比广东省2.48%的全省平均水平低0.57%。① 可见，一方面，江门要继续推动经济快速发展，同时要优化三次产业结构，提高第三产业比重；另一方面，江门也要增加R&D经费投入强度和水平，以保障技术创新持续发展，确保更好地参与粤港澳大湾区技术创新协同发展。

二、激发各创新主体申请专利和开展创新技术储备的积极性

表9－4结果显示，江门与粤港澳大湾区其他城市合作申请专利和申请国家发明专利数量之间的皮尔逊相关性指数为0.736，显著性（双

① 广东省统计局．广东统计年鉴（2018）[EB/OL]．（2018－10－29）[2019－11－02]．http://stats.gd.gov.cn/gdtjnj/content/post_1424903.html.

尾）检验值为0.122，相关系数显著性水平在0.05以上，说明技术创新协同水平与技术创新发展水平之间的相关性不明显。2017年，江门发明专利申请量为5687项，在粤港澳大湾区城市中排第8位，仅高于肇庆，为深圳60258项的9.44%、广州36941项的15.39%、佛山25899项的21.96%、东莞20402项的27.87%。从2017年万人发明专利拥有量来看，江门为12.46项，在珠三角九市中排第8位，仅高于肇庆，仅为深圳48.10项的25.90%、珠海40.01项的31.14%、佛山33.83项的36.83%、广州25.48项的48.90%、东莞24.46项的50.94%。[①] 可见，江门专利申请量和创新技术储备量，与粤港澳大湾区发展较好的其他城市还有较大差距。因此，江门要通过政府补贴、企业奖励、中介扶持等政策，激发各技术创新主体申请专利的积极性，奖励获批授权的发明专利，提高专利申请和创新技术储备数量。

三、加大研究与试验发展（R&D）人员投入力度，并为技术创新活动营造良好环境

表9-4结果显示，江门与粤港澳大湾区其他城市合作申请专利和研究与试验发展（R&D）人员投入数量之间的皮尔逊相关性指数为0.395，显著性（双尾）检验值为0.258，相关系数显著性水平在0.05以上，说明技术创新协同水平与R&D人力投入水平之间的相关性不明显。从2017年规模以上工业企业R&D活动人员来看，江门为22902人，在珠三角九市中排第8位，仅高于肇庆，为深圳232421人的9.85%、广州97894人的23.39%。因此，江门首先要加大研究与试验发展人员投入力度，让更多人力投入技术创新中。其次要发挥珠三角

① 广东省统计局．广东统计年鉴（2018）[EB/OL].（2018-10-29）[2019-11-02]. http://stats.gd.gov.cn/gdtjnj/content/post_1424903.html.

（江门）国家自主创新示范区核心区、全国小微企业创新创业示范城市核心区、国家创新型特色园区、中国（江门）“侨梦苑”华侨华人创新产业集聚区、全国博士后创新（江门）示范中心创新平台的人才集聚效应，让更多人落户江门进行创新创业。最后要大力营造优质的创新创业环境，形成良好的干事创业发展氛围，吸引更多人才和项目到江门落地生根、开花结果。①

四、扶持高新技术企业发展，发挥企业在技术创新中的主导作用

表9－4结果显示，江门与粤港澳大湾区其他城市合作申请专利和高新技术企业数之间的皮尔逊相关性指数为0.403，显著性（双尾）检验值为0.298，相关系数显著性水平在0.05以上，说明技术创新协同水平与高新技术发展水平之间的相关性不明显。从高新技术企业数量来看，截至2017年底，江门为741家，在珠三角九市中排第8位，仅高于肇庆，为深圳10988家的6.74%。江门高新技术企业数量虽然从2016年的357家增长至2017年的741家，2018年增长至1244家，涌现了量子高科（中国）生物股份有限公司、牛力机械制造有限公司和印星机器人有限公司等一批高新技术企业，但由于基数小，与珠三角发达城市之间还有较大差距。因此，江门要进一步完善科技型企业培育发展体系，不断完善全市“科技企业孵化器入孵企业—科技型中小微企业—高企培育库企业—高新技术企业”多级联动、闭环培育体系②，加快高

---

① 江门企业的产业梦和创新梦［EB/OL］．（2019－04－07）［2019－09－02］. https：//baijiahao. baidu. com/s？ id＝1630157400584133106&wfr＝spider&for＝pc.

② 陈卓栋，彭纪宁，谭耀广．江门：创新驱动战略走上快车道［EB/OL］．（2019－01－30）［2019－09－22］. http：//www. gdei. gov. cn/zwgk/dsdt/201902/t20190219_131506. htm.

新技术企业数量增长和质量提升，带动企业在技术创新中发挥主导作用，如支持江门市科恒实业股份有限公司发展成为千亿级的大企业，为江门参与粤港澳大湾区技术创新协同提供更加坚实的基础。

五、发挥侨乡优势，坚持内优外引，提升对外技术创新协同水平

表9-4结果显示，江门与粤港澳大湾区其他城市合作申请专利和邮电（邮政电信）业务总量之间的皮尔逊相关性指数为0.523，显著性（双尾）检验值为0.121，相关系数显著性水平在0.05以上，说明技术创新协同水平与信息流通水平之间不存在显著的相关性。江门与粤港澳大湾区其他城市合作申请专利和交通距离的皮尔逊相关性指数为-0.149，显著性（双尾）检验值为0.681，相关系数显著性水平在0.05以上，说明技术创新协同水平与地理距离之间存在负向相关性，但不显著。江门地处粤港澳大湾区承东启西的关键节点，东连广佛都市圈，是粤港澳大湾区中最具发展潜力的地区之一。在地理空间上，江门与广佛都市圈、深港澳经济圈构成了粤港澳大湾区“黄金三角地带”；在资源禀赋上，江门土地面积较大、开发强度低，为海内外企业落户发展提供了广阔的空间；在人员往来上，江门籍侨乡众多，与海内外沟通交往频繁，对外开放水平高。① 因此，江门要发挥好侨乡优势，利用好侨胞资源，坚持内优外引，提升对外技术创新协同水平。一方面，江门要发展好“博士后创客空间”“博士后双创园”、江门中微子实验室等已有平台和项目建设，积极引进广东省科学院、香港科技协进会和香港科技大学等创新资源。另一方面，江门要通过侨乡侨胞“名片”，架起

① 江门企业的产业梦和创新梦［EB/OL］.（2019-04-07）［2019-09-02］. https：//baijiahao. baidu. com/s？id=1630157400584133106&wfr=spider&for=pc.

技术创新开放合作的桥梁，积极探索跨区域、跨体制合作，精准对接更广阔的国际科技创新网络，更好地引进创新资源，把江门建设成粤港澳大湾区西部独具特色的科技创新中心。

第四节　小结

近年来，江门以创新为动力，以“踏石留印”的劲头大力实施创新驱动发展战略，全力创建国家创新型城市，着力增强自主创新能力，加快创新人才集聚，推动科技创新能力逐渐迈上新台阶。①

因此，在粤港澳大湾区建设背景下，江门要保持经济健康发展，保障和增加研究与试验发展经费投入强度，激发各创新主体申请专利和开展创新技术储备的积极性，增强研究与试验发展人员投入力度，并为技术创新活动提供良好环境，扶持高新技术企业发展，发挥企业在技术创新中的主导作用，发挥侨乡优势，坚持内优外引，提升对外技术创新协同水平。

① 陈卓栋，彭纪宁，谭耀广．江门：创新驱动战略走上快车道［EB/OL］．（2019－01－30）［2019－09－22］．http://www.gdei.gov.cn/zwgk/dsdt/201902/t20190219_131506.htm.

第十章　肇庆与粤港澳大湾区技术创新协同研究

第一节　肇庆及其技术创新发展概况

一、肇庆区位及其优势

肇庆，古称“端州”，有“中国砚都”之称，位于广东省中西部，西江干流中下游，东部和东南部与佛山市接壤，西南与云浮市相连，西及西北与广西壮族自治区梧州市和贺州市交界，北部和东北部与清远市相邻。肇庆东邻穗、深、港、澳等经济发达地区，背靠祖国大西南，是经济发达地区通往西南各省的重要交通枢纽。2018 年常住人口 415.17 万人。①

2018 年，肇庆在中国城市科技创新发展指数排名中位列第 189。②肇庆正坚定“产业强市”不动摇，把工业发展“366”工程作为生命工程。加快培育新能源汽车、先进装备制造、节能环保等 3 个千亿级产业

① 城市概况［EB/OL］.（2019－08－26）［2019－11－02］. http://www.zhaoqing.gov.cn/mczq/jrfc/csgk/201509/t20150924_336225.html.

② 王明月.《中国城市科技创新发展报告 2018》发布　北京科创发展水平居首［EB/OL］.（2018－12－08）［2019－08－12］. http://finance.cnr.cn/gundong/20181208/t20181208_524443945.shtml.

集群，引育6家年主营业务收入超百亿元的工业企业，新增600家年主营业务收入超亿元的工业企业；持续深入开展“工业园区建设年”“招商引资年”“项目落地年”活动；新能源汽车、先进装备制造、节能环保三大产业合计实现产值814.53亿元，增长11.80%。①

二、肇庆专利技术创新发展特征

2018年，肇庆拥有国家级创新平台8家，已建立省级工程研究中心75家，认定的省级技术创新专业镇22个、市级专业镇35个，获得资质认证的实验室71家。② 肇庆主动对接创新要素外溢转移，高标准建设肇庆科技创新产业带，加快形成“港澳深广研发—肇庆转移孵化转化”的创新协作、错位发展新模式，打造大湾区科技产业创新重要承载地。肇庆高新区创新能力不断增强，被纳入珠三角国家科技成果转移转化示范区，珠三角国家自主创新示范区、国家知识产权示范园区加快建设，纳税超千万元企业数量首次超过50家。③

图10－1反映了2000—2017年肇庆申请国家发明专利变化特征。2000—2017年，肇庆在国家知识产权局共申请发明专利5111项，申请项数在波动中呈增长趋势，趋势线拟合指数R^2为0.5453，年均申请项数为283.94项，年均增长率为58.89%。2017年，申请项数首次突破1000项，为1848项，增长率为98.50%。

①③　粤港澳大湾区——肇庆［EB/OL］.（2019－05－16）［2019－09－06］. http://www.cnbayarea.org.cn/city/index.html.

②　肇庆市统计局. 2018年肇庆市国民经济和社会发展统计公报［EB/OL］.（2019－04－23）［2019－11－12］. http://zwgk.zhaoqing.gov.cn/zq128/201904/t20190423_945443.html.

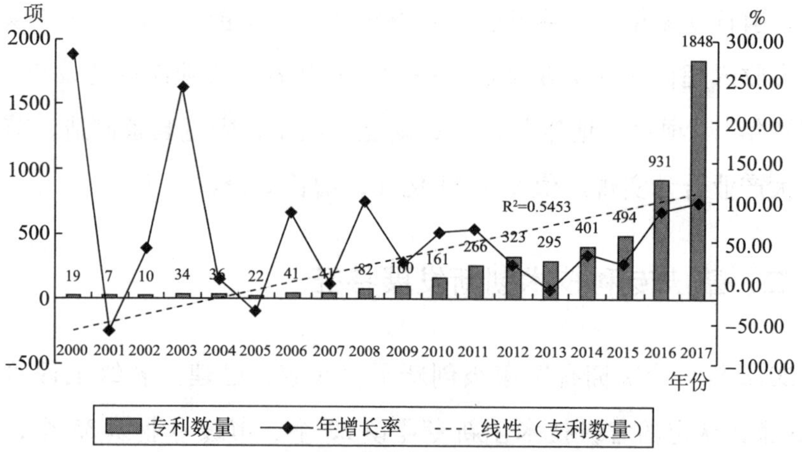

图 10－1　2000—2017 年肇庆申请国家发明专利变化特征

三、肇庆在粤港澳大湾区的技术创新发展定位

根据《规划纲要》，肇庆是粤港澳大湾区建设的重要节点城市之一。肇庆在粤港澳大湾区中的总体定位是：充分发挥自身优势，深化改革创新，增强城市综合实力，形成特色鲜明、功能互补、具有竞争力的重要节点城市；增强发展的协调性，强化与中心城市的互动合作，带动周边特色城镇发展，共同提升城市群发展质量。在“建设国际科技创新中心”方面，肇庆要深入实施创新驱动发展战略，深化粤港澳创新合作，构建开放型融合发展的区域协同创新共同体，集聚国际创新资源，优化创新制度和政策环境，着力提升科技成果转化能力，建设全球科技创新高地和新兴产业重要策源地；加强产学研深度融合，建立以企业为主体、市场为导向、产学研深度融合的技术创新体系。在“构建具有国际竞争力的现代产业体系”方面，肇庆要深化供给侧结构性改革，着力培育发展新产业、新业态、新模式，促进传统产业改造升级，加快发展先进制造业和现代服务业，瞄准国际先进标准，提高产业发展

水平，促进产业优势互补、紧密协作、联动发展，培育若干世界级产业集群；国家支持肇庆等地发挥产业链齐全的优势，加强大湾区产业对接，提高协作发展水平。①

肇庆全力推动肇庆新区的崛起，将其打造成为全方位融入大湾区建设的核心载体，以加快建设高品质新都市。肇庆全力对标国内外最高、最好、最优规划建设，突出“五个引领”，努力把肇庆新区打造成为国家级新区、肇庆建设粤港澳大湾区连接大西南枢纽门户城市的核心载体、粤港澳大湾区高质量发展新引擎；力争3年内、确保5年内新区产业项目实际投资突破500亿元、人口突破10万人，10年内人口达30万人左右。肇庆新区高起点发展战略性新兴产业，全力建设香港创新产业园，12平方千米的粤港澳大湾区生态科技产业园和20万平方米的新区孵化创新园建设加快推进。②

第二节　肇庆与粤港澳大湾区技术创新协同

一、协同时序特征分析

肇庆从1992年开始与粤港澳大湾区其他城市合作申请专利1项。2000—2017年，根据有效原始数据信息，按照“申请日”统计，肇庆与粤港澳大湾区其他城市合作申请专利共119项。其中，2003年1项、

---

① 中共中央，国务院. 粤港澳大湾区发展规划纲要［EB/OL］.（2019－02－18）［2019－03－06］. http://www. locpg. gov. cn/jsdt/2019－02/18/c_1210062255. htm.

② 粤港澳大湾区——肇庆［EB/OL］.（2019－05－16）［2019－09－06］. http://www. cnbayarea. org. cn/city/index. html.

2005—2017 年 118 项，占其申请专利总数 5111 项的 2.33%，在整个大湾区的技术协同发展中发挥着一定作用。

图 10－2 反映了 2005—2017 年肇庆与粤港澳大湾区其他城市合作申请专利变化特征。

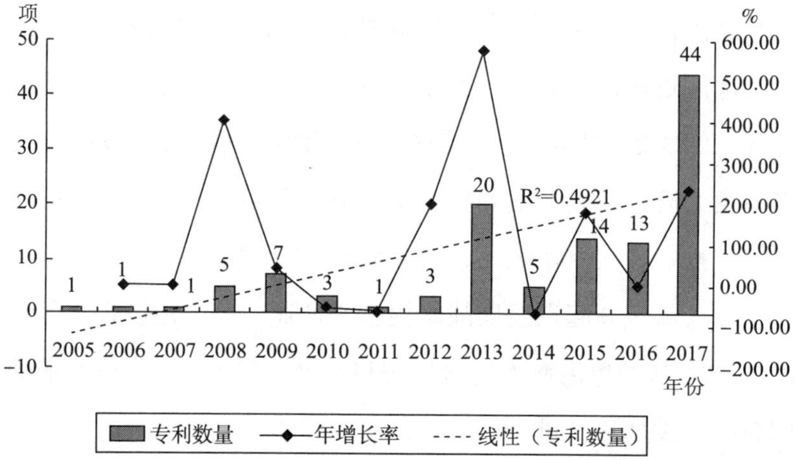

图 10－2　2005—2017 年肇庆与粤港澳大湾区其他城市合作申请专利变化特征

（1）从 2005 年开始，肇庆与粤港澳大湾区其他城市每年均有合作申请专利，形成了连续的技术创新协同关系。

（2）合作申请专利数在波动中呈增长趋势，趋势线拟合指数 R^2 为 0.4921，年均增长率为 118.26%，年均合作申请专利数为 9.08 项。

（3）从申请项数和增长率来看，肇庆与粤港澳大湾区其他城市的技术创新协同发展还处于探索阶段，尚未形成稳定的协同关系。2017 年申请项数最多，为 44 项，占合作申请总数 120 项的 36.67%，呈现了快速发展的势头。

二、协同区域特征分析

表 10－1 反映了肇庆与粤港澳大湾区其他城市合作申请专利区域分

布特征。

表 10－1　肇庆与粤港澳大湾区其他城市合作申请专利区域分布特征

项目	广州	佛山	东莞	深圳	中山	合计
项数/项	92	16	8	3	1	120
占比/%	76.67	13.33	6.67	2.50	0.83	100.00

（1）肇庆与除香港、澳门、珠海、惠州和江门外的 5 个粤港澳大湾区城市建立了合作申请专利技术创新协同关系。

（2）肇庆与粤港澳大湾区其他城市合作申请专利平均项数为 24 项。

（3）肇庆与广州合作申请专利数量最多，为 92 项，占合作申请专利总数 120 项的 76.67%；其次为佛山，合作申请专利数为 16 项，占比 13.33%。说明由广州、佛山、肇庆三座山水相连的城市形成的“广佛肇”一体化经济圈，在技术创新协同方面也开创了新的发展局面。

（4）肇庆与东莞、深圳和中山合作申请专利共 12 项，占比 10.00%。

三、协同技术领域特征分析

表 10－2 反映了肇庆与粤港澳大湾区其他城市合作申请专利技术领域分布特征。

表 10－2　肇庆与粤港澳大湾区其他城市合作申请专利技术领域分布特征

分类号（部）	技术领域	项数/项	占比/%
A 部：人类生活必需	农业	19	15.83
	食品；烟草	2	1.67
	保健；救生；娱乐	5	4.17
B 部：作业；运输	分离；混合	8	6.67
	成型	20	16.67

续表

分类号（部）	技术领域	项数/项	占比/%
C 部：化学；冶金	化学	42	35.00
E 部：固定建筑物	建筑	1	0.83
F 部：机械工程；照明；加热；武器；爆破	发动机或泵	2	1.67
	照明；加热	2	1.67
G 部：物理	仪器	7	5.83
H 部：电学	电学	12	10.00
合计		120	100.00

（1）从分类号（部）来看，肇庆与粤港澳大湾区其他城市合作申请专利技术分布在除“D 部：纺织；造纸”以外的 7 个学部。

（2）从技术领域来看，分布在除“个人或家用物品”“印刷”“交通运输”“微观结构技术；纳米技术”“冶金”“组合技术”“纺织或未列入其他类的柔性材料”“造纸”“土层或岩石的钻进；采矿”“核子学”外的 11 个技术领域。

（3）“化学”领域合作申请专利 42 项，占合作申请专利总数 120 项的 35.00%，为绝对优势技术领域。

（4）“成型”领域合作申请专利 20 项，占比 16.67%；“农业”领域合作申请专利 19 项，占比 15.83%；“电学”领域合作申请专利 12 项，占比 10.00%。这些技术领域合作申请专利比例均不低于 10.00%，为优势技术领域。

（5）“分离；混合”领域合作申请专利 8 项，占比 6.67%；“仪器”领域合作申请专利 7 项，占比 5.83%。这些技术领域合作申请专利比例均超过 5.00%，为相对优势技术领域。

（6）“保健；救生；娱乐”“食品；烟草”“发动机或泵”“照明；加热”“建筑”领域合作申请专利共 12 项，占比 10.00%，为弱势技术领域。

四、协同主体特征分析

表 10－3 反映了肇庆与粤港澳大湾区其他城市协同主体合作申请专利数量特征。

表 10－3　肇庆与粤港澳大湾区其他城市协同主体合作申请专利数量特征

类别		高校	科研机构	国有企业	民营企业	高新技术企业	中外合资企业	小计
肇庆	协同主体数/个	1	2	5	16	15	1	40
	合作专利数/项	4	2	5	35	73	1	120
	平均专利数/项	4.00	1.00	1.00	2.19	4.87	1.00	3.00
其他城市	协同主体数/个	5	5	1	11	12	0	34
	合作专利数/项	19	6	1	32	62	0	120
	平均专利数/项	3.80	1.20	1.00	2.91	5.17	0.00	3.53

（1）从肇庆的协同主体数来看，民营企业协同主体数量为 16 个，占协同主体总数 40 个的 40.00%；高新技术企业数量为 15 个，占比 37.50%。这两种类型主体数量均超过 10 个，占协同主体总数的 77.50%。其他类别协同主体共 9 个，占比 22.50%。

（2）从肇庆的协同主体合作申请专利数来看，高新技术企业参与合作申请专利 73 项，民营企业 35 项，分别占合作申请专利总数 120 项的 60.83%、29.17%。其他类别协同主体合作申请专利共 12 项，占比 10.00%。可见，高新技术企业、民营企业在肇庆与粤港澳大湾区其他城市技术创新协同中发挥着主导作用。

（3）从肇庆的平均合作申请专利数来看，每个协同主体平均合作申请专利数为 3.00 项。高新技术企业为 4.87 项，高校为 4.00 项，民营企业为 2.19 项，说明肇庆高新技术企业、高校和民营企业与粤港澳大湾区其他城市技术创新协同强度较大。

（4）从其他城市的协同主体数来看，高新技术企业 12 个，占协同主体总数 34 个的 35.29%；民营企业 11 个，占比 32.35%。其他协同主体共 11 个，占比 32.35%。

（5）从其他城市的协同主体合作申请专利数来看，高新技术企业 62 项，民营企业 32 项，分别占合作申请专利总数 120 项的 51.67%、26.67%。可见，高新技术企业、民营企业是粤港澳大湾区其他城市与肇庆开展技术创新协同的主导力量。

（6）从其他城市的平均合作申请专利数来看，每个协同主体平均合作申请专利数为 3.53 项。高新技术企业 5.17 项，高校 3.80 项，民营企业 2.91 项，说明粤港澳大湾区其他城市的高新技术企业、高校和民营企业与肇庆的技术创新协同强度较大。

五、协同有效专利特征分析

肇庆与粤港澳大湾区其他城市有效合作专利共有 46 项，占肇庆与其他城市合作专利总数 120 项的 38.33%。

图 10－3 反映了肇庆与粤港澳大湾区其他城市合作申请有效专利特征。

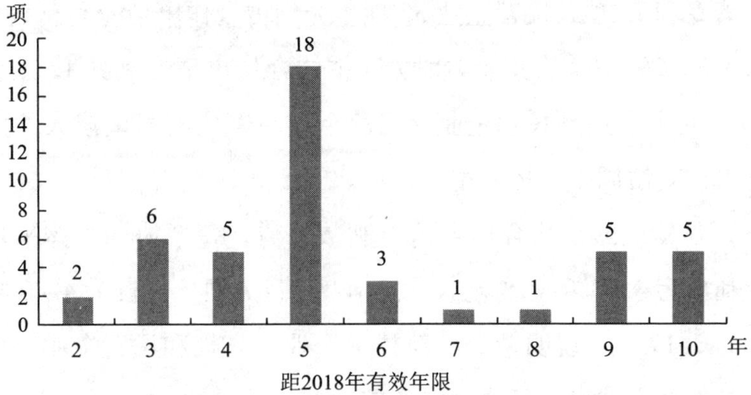

图 10－3　肇庆与粤港澳大湾区其他城市合作申请有效专利特征

（1）有效年限最长的为10年，共有合作申请专利5项，占有效合作申请专利总数46项的10.87%。

（2）有效年限5年的合作申请专利最多，为18项，占比39.13%。有效年限在5~9年的合作申请专利共28项，占比60.87%。

（3）有效年限在5年以下的合作申请专利共13项，占比28.26%。

六、协同专利技术转移特征分析

肇庆与粤港澳大湾区其他城市共有25项合作申请专利实现了技术转移，占合作申请专利总数120项的20.83%，与相关研究结果（约10.00%）相比，科技成果转化率较高。①

图10-4反映了肇庆与粤港澳大湾区其他城市专利技术转移特征。

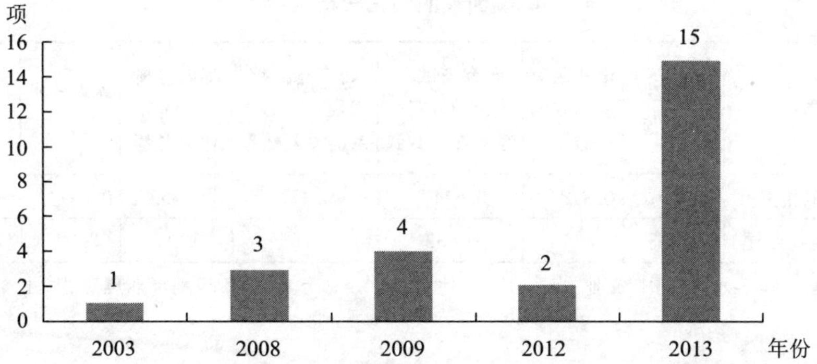

图10-4　肇庆与粤港澳大湾区其他城市专利技术转移特征

肇庆与粤港澳大湾区其他城市专利技术转移没有形成连续的发展态势。2003年转移1项，占转移专利总数25项的4.00%；2008年转移3项，占比12.00%；2009年转移4项，占比16.00%；2012年转移2项，占比8.00%；2013年转移数量最多，为15项，占比60.00%。因此，

① 文剑英．科技成果转化的理性思考［J］．科研管理，2019，40（5）：175-181.

虽然转化率相对较高，但肇庆仍应该采取有效措施，促进专利技术转移持续发展。

第三节 优化肇庆与粤港澳大湾区技术创新协同的策略

肇庆与粤港澳大湾区其他城市合作申请专利和相关影响因素的回归分析结果如表 10－4 所示。因此，肇庆要结合相关因素的影响情况，有针对性地优化实施与粤港澳大湾区其他城市的技术创新协同策略。

表 10－4 肇庆与粤港澳大湾区其他城市合作申请专利和相关影响因素的回归分析结果

指标	本地生产总值	申请国家发明专利数量	研究与试验发展（R&D）经费投入数量	研究与试验发展（R&D）人员投入数量	邮电（邮政电信）业务总量	高新技术企业数	交通距离
皮尔逊相关性	0. 597	0. 878 **	0. 674 *	0. 477	0. 459	0. 857 **	－0. 504
显著性（双尾）	0. 068	0. 001	0. 032	0. 163	0. 265	0. 002	0. 138

注：** 表示在 0. 01 级别（双尾）相关性显著；* 表示在 0. 05 级别（双尾）相关性显著。

一、更好地促进经济发展，提高研究与试验发展（R&D）经费保障水平和投入水平

表 10－4 结果显示，肇庆与粤港澳大湾区其他城市合作申请专利和本地生产总值之间的皮尔逊相关性指数为 0. 597，显著性（双尾）检验值为 0. 068，相关系数显著性水平在 0. 05 以上，说明技术创新协同水平与经济发展水平之间的相关性不明显；同研究与试验发展（R&D）经费投入数量的皮尔逊相关性指数为 0. 674，显著性（双尾）检验值为

0.032，相关系数显著性水平在0.05以下，说明技术创新协同水平与R&D经费投入水平之间存在一定正向相关性。2017年，肇庆的地区生产总值为2200.61亿元，在广东省21个地级市中排第12位，在珠三角九市中排第9位。从2017年R&D经费投入强度来看，肇庆为1.15%，在广东省21个地级市中排第10位，在珠三角九市中排第9位；仅为广东省全省平均水平2.48%的46.37%，为深圳4.34%的26.50%。[①] 因此，一方面，肇庆要继续保持经济持续健康发展，提升GDP对技术创新的保障水平；另一方面，肇庆要提升R&D经费投入在GDP总量中的水平，带动肇庆在粤港澳大湾区技术创新协同中发挥应有的作用。

二、调动申请专利的积极性，提高创新技术储备质量和水平，坚持深入推进创新驱动发展

表10-4结果显示，肇庆与粤港澳大湾区其他城市合作申请专利和申请国家发明专利数量之间的皮尔逊相关性指数为0.878，显著性（双尾）检验值为0.001，相关系数显著性水平在0.01以下，说明技术创新协同水平与技术创新发展水平之间存在显著的正向相关性。2017年，肇庆申请三类专利总量为5341项，在广东省21个地级市中排第13位；肇庆申请发明专利总量为1848项，在广东省和珠三角九市中均排第9位，比排第8位的江门5687项少3839项。从每万人口发明专利拥有量来看，肇庆为4.49项，在珠三角九市中排第9位，也仅为排第8位的江门12.46项的36.04%，为广东省全省平均水平18.96项的

① 广东省统计局．广东统计年鉴（2018）[EB/OL]．（2018-10-29）[2019-11-02]．http://stats.gd.gov.cn/gdtjnj/content/post_1424903.html.

23.68%。[①] 肇庆正以创新驱动为抓手，为在新形势下积极推进粤港澳大湾区连接大西南枢纽门户城市建设锻造核心竞争力。[②] 专利是创新实力的重要体现。因此，肇庆要积极调动各类创新主体申请专利的积极性，真正将《肇庆市实施创新驱动发展“1133”工程五年（2017—2021 年）行动方案》落到实处，提升创新技术储备质量和水平，为深入推进创新驱动发展提供坚实的核心技术基础。

三、更好地发挥科技创新平台集聚人才作用，加大研究与试验发展（R&D）人员投入力度

表 10－4 结果显示，肇庆与粤港澳大湾区其他城市合作申请专利和研究与试验发展（R&D）人员投入数量之间的皮尔逊相关性指数为 0.477，显著性（双尾）检验值为 0.163，相关系数显著性水平在 0.05 以上，说明技术创新协同水平与 R&D 人力投入水平之间的相关性不明显。近年来，肇庆积极构筑培育创新企业孵化体系，紧密对接广深科技创新走廊，瞄准高端科技创新企业、高水平科研机构，全力打造粤港澳大湾区科技创新产业重要承载地，启动了“微软—云暨移动技术孵化计划”肇庆云暨移动应用孵化平台、肇庆新区科技创新中心、OLED 驱动芯片和测试设备研发生产基地、华师大光电产业研究院和肇庆学院大学科技园等创新平台建设。[③] 从 2017 年规模以上工业企业研究与试验发展活动人员投入情况来看，肇庆为 11611 人，在广东省全省和珠三角

---

① 广东省统计局．广东统计年鉴（2018）［EB/OL］．（2018－10－29）［2019－11－02］．http://stats.gd.gov.cn/gdtjnj/content/post_1424903.html.

② 梁惠明．以创新驱动锻造核心竞争力：2018 肇庆科技创新工作综述［EB/OL］．（2019－01－31）［2019－11－02］．http://www.sohu.com/a/292650733_257362.

③ 余泳．肇庆新区：全力打造粤港澳大湾区科技创新产业重要承载地［EB/OL］．（2019－06－11）［2019－11－02］．http://www.sohu.com/a/319902177_100010144.

九市中排第 9 位，但也仅为排第 8 位的江门 22902 人的 50. 70%。因此，肇庆要加快推进高水平科技创新平台建设，发挥它们在技术创新人才集聚方面的作用，并以此为抓手加大研究与试验发展人员投入力度。

四、加大力度扶持高新技术企业发展，发挥企业在技术创新中的主体作用

表 10 – 4 结果显示，肇庆与粤港澳大湾区其他城市合作申请专利和高新技术企业数之间的皮尔逊相关性指数为 0. 857，显著性（双尾）检验值为 0. 002，相关系数显著性水平在 0. 01 以下，说明技术创新协同水平与高新技术发展水平之间存在显著的正向相关性。从高新技术企业数量来看，从 2016 年开始，肇庆高新技术企业数量年净增数连续两年超 100 家，截至 2017 年底为 289 家，2018 年底为 413 家；2017 年的数量在广东省和珠三角九市中排第 9 位，但也仅为排第 8 位的江门 741 家的 39. 00%。[①] 国家始终坚持倡导以市场为主体，以企业为导向，产学研相结合的创新体系。[②] 因此，肇庆要加大扶持高新技术企业发展的力度，提升高新技术企业数量，发挥高新技术企业在技术创新中的主体作用，带动肇庆更加深入地参与粤港澳大湾区技术创新协同发展。

五、发挥区位优势和资源优势，打造粤港澳大湾区科技创新产业重要承载地

表 10 – 4 结果显示，肇庆与粤港澳大湾区其他城市合作申请专利和

---

① 广东省统计局．广东统计年鉴（2018）[EB/OL]．（2018 – 10 – 29）[2019 – 11 – 02]. http://stats. gd. gov. cn/gdtjnj/content/post_1424903. html.

② 曾伟，程瑶，盖琳．这四年，习近平总书记的科技强国梦 [EB/OL]．（2016 – 05 – 31）[2019 – 09 – 06]. http://politics. people. com. cn/n1/2016/0531/c1001 – 28399593. html.

邮电（邮政电信）业务总量之间的皮尔逊相关性指数为 0.459，显著性（双尾）检验值为 0.265，相关系数显著性水平在 0.05 以上，说明技术创新协同水平与信息流通水平之间不存在显著的相关性。肇庆与粤港澳大湾区其他城市合作申请专利和交通距离的皮尔逊相关性指数为 -0.504，显著性（双尾）检验值为 0.138，相关系数显著性水平在 0.05 以上，说明技术创新协同水平与地理距离之间存在负向相关性，但不显著。肇庆是粤港澳大湾区唯一与大西南接壤的城市，正着力建设大湾区连接大西南的枢纽门户城市。肇庆西江创新产业走廊建设逐步推进，以西江及平行的高等级公路为轴线，以沿线肇庆高新区、肇庆新区为核心载体，依托众多产业园和科创空间等重要节点，集中了肇庆创新资源和产业优势，形成创新资源集聚的带状区域，精心打造大湾区科技产业创新重要承载地。因此，肇庆要发挥粤港澳大湾区投资洼地在用地、用工等方面的优势，以及大湾区连接大西南的交通枢纽区位优势，更好地依托肇庆高新区、肇庆新区、粤桂合作特别试验区、广佛肇经济合作区 4 个国家级、省级重大产业发展优势平台，构建“广深港澳研发孵化—肇庆加速、肇庆落地”的创新产业链，承接深圳等粤港澳大湾区兄弟城市创新资源和现代产业技术溢出。①

第四节　小结

在粤港澳大湾区建设背景下，肇庆加快建设粤港澳大湾区（肇庆）特别合作试验区，以肇庆高新区被列入珠三角国家自主创新示范区和国

① 马喜生，余秋亮．肇庆：加速拥抱大湾区国际科创中心［EB/OL］．（2019 - 11 - 08）［2020 - 01 - 02］. http://economy.southcn.com/e/2019 - 11/08/content_189454560.htm.

家科技成果转移转化示范区建设范围为契机，加快技术创新发展。肇庆积极谋划加强与港澳两地创新合作，主动对接港澳创新资源，推动两地企业、科研机构和高等院校之间的合作往来，与港澳高等院校合作共建肇庆校区，让港澳高校、科研院所、企业、社会组织与肇庆形成常态化合作交流机制，建成了港澳青年创新创业基地。同时，肇庆加快创建省级高新区的西江高新区，粤港澳生物科技产业园、大湾区—大西南科技产业园、大西南地区企业建立大湾区总部等也在加快引进和建设中。①

因此，肇庆要更好地促进经济发展，提升研究与试验发展经费保障水平和投入水平，调动申请专利的积极性，提升创新技术储备质量和水平，坚持深入推进创新驱动发展，更好地发挥科技创新平台集聚人才作用，提高研究与试验发展人员投入力度，加大力度扶持高新技术企业发展，发挥企业在技术创新中的主体作用，发挥区位优势和资源优势，加快打造粤港澳大湾区科技创新产业重要承载地。

---

① 马喜生，余秋亮．肇庆：加速拥抱大湾区国际科创中心［EB/OL］.（2019 - 11 - 08）［2020 - 01 - 02］. http://economy. southcn. com/e/2019 - 11/08/content_189454560. htm.

第十一章　研究结论、创新、不足与展望

第一节　研究结论

本书以粤港澳大湾区 11 个城市间合作申请专利信息为依据，借助 SPSS 统计软件、Excel 统计工具等，分析了粤港澳大湾区城市技术创新协同的时序特征、区域特征、协同技术领域特征、协同主体特征、有效专利特征、专利技术转移特征等。在此基础上，研究选取了本地生产总值、申请国家发明专利数量、研究与试验发展（R&D）经费投入数量、研究与试验发展（R&D）人员投入数量、邮电（邮政电信）业务总量、高新技术企业数、交通距离 7 项指标，与每年合作申请专利数进行回归分析，探讨了经济发展水平、技术创新发展水平、经费投入水平、人力投入水平、信息流通水平、高新技术发展水平和地理距离对粤港澳大湾区技术创新协同的影响，并提出了提升技术创新协同水平的对策和建议。

（1）从时序特征来看，粤港澳大湾区城市技术创新协同强度不断增加。

截至 2017 年，粤港澳大湾区城市合作申请专利共 8162 项，其中 1992 年 1 项、1999 年 2 项，2000—2017 年共 8159 项（见图 11 - 1）。2000—2017 年，年均合作申请专利项数为 453.28 项，年均增长率为

69.10%，增长趋势拟合指数 R^2 为 0.5221。自 2013 年粤港澳大湾区建设提出并实施以来，合作申请专利技术创新协同得到了稳步发展。

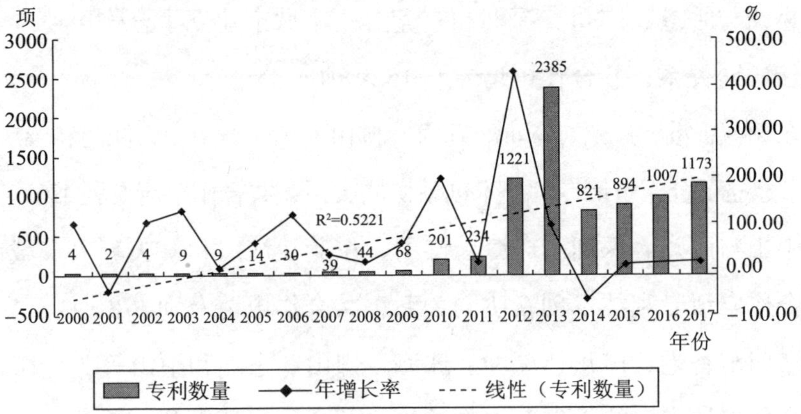

图 11-1　2000—2017 年粤港澳大湾区城市合作申请专利变化特征

（2）从区域分布特征来看，粤港澳大湾区城市技术创新协同广度不断扩大，深圳和东莞的技术创新协同作用最为突出，其次是广州和惠州。

从表 11-1 中可以发现，香港与澳门、广州、深圳、珠海、佛山、惠州、东莞和江门等 8 个城市建立了合作申请专利技术创新协同关系，共合作申请专利 184 项。

澳门与香港、广州和珠海等 3 个城市建立了合作申请专利技术创新协同关系，共合作申请专利 25 项。

广州与香港、澳门、深圳、珠海、佛山、惠州、东莞、中山、江门和肇庆等 10 个城市建立了合作申请专利技术创新协同关系，共合作申请专利 2126 项。

深圳与香港、广州、珠海、佛山、惠州、东莞、中山、江门和肇庆等 9 个城市建立了合作申请专利技术创新协同关系，共合作申请专利 6896 项。

珠海与香港、澳门、广州、深圳、佛山、东莞、中山和江门等 8 个城市建立了合作申请专利技术创新协同关系，共合作申请专利 375 项。

佛山与香港、广州、深圳、珠海、东莞、中山、江门和肇庆等8个城市建立了合作申请专利技术创新协同关系，共合作申请专利389项。

惠州与香港、广州、深圳和东莞等4个城市建立了合作申请专利技术创新协同关系，共合作申请专利1529项。

东莞与香港、广州、深圳、珠海、佛山、惠州、中山、江门和肇庆等9个城市建立了合作申请专利技术创新协同关系，共合作申请专利4365项。

中山与广州、深圳、珠海、佛山、东莞、江门和肇庆等7个城市建立了合作申请专利技术创新协同关系，共合作申请专利178项。

江门与香港、广州、深圳、珠海、佛山、东莞和中山等7个城市建立了合作申请专利技术创新协同关系，共合作申请专利137项。

肇庆与广州、深圳、佛山、东莞和中山等5个城市建立了合作申请专利技术创新协同关系，共合作申请专利120项。

表11-1　粤港澳大湾区城市合作申请专利技术创新协同矩阵特征

	香港	澳门	广州	深圳	珠海	佛山	惠州	东莞	中山	江门	肇庆	合计
香港	—	4	20	133	2	10	7	7	0	1	0	184
澳门	4	—	19	0	2	0	0	0	0	0	0	25
广州	20	19	—	1123	120	199	72	373	49	59	92	2126
深圳	133	0	1123	—	169	76	1436	3891	43	22	3	6896
珠海	2	2	120	169	—	13	0	1	66	2	0	375
佛山	10	0	199	76	13	—	0	40	7	28	16	389
惠州	7	0	72	1436	0	0	—	14	0	0	0	1529
东莞	7	0	373	3891	1	40	14	—	9	22	8	4365
中山	0	0	49	43	66	7	0	9	—	3	1	178
江门	1	0	59	22	2	28	0	22	3	—	0	137
肇庆	0	0	92	3	0	16	0	8	1	0	—	120
合计	184	25	2126	6896	375	389	1529	4365	178	137	120	—

（3）从技术领域分布特征来看，粤港澳大湾区城市技术创新协同

优势领域集中在“电学”“仪器”和“照明；加热”。

根据表 11－2，粤港澳大湾区城市合作申请专利分布在“分类号（部）”的 8 个学部和 21 个技术领域。其中，“电学”“仪器”和“照明；加热”3 个技术领域合作申请专利项数均超过 1000 项，所占比例均超过 10%，为绝对优势技术领域。“化学”和“成型”技术领域合作申请专利项数均超过 500 项，所占比例均超过 5%，为优势技术领域。

表 11－2 粤港澳大湾区城市合作申请专利技术领域分布特征

分类号（部）	技术领域	项数/项	占比/%
A 部：人类生活必需	农业	56	0.69
	食品；烟草	207	2.54
	个人或家用物品	37	0.45
	保健；救生；娱乐	155	1.90
B 部：作业；运输	分离；混合	161	1.97
	成型	586	7.18
	印刷	26	0.32
	交通运输	310	3.80
	微观结构技术；纳米技术	3	0.04
C 部：化学；冶金	化学	757	9.27
	冶金	88	1.08
	组合技术	1	0.01
D 部：纺织；造纸	纺织或未列入其他类的柔性材料	13	0.16
	造纸	8	0.10
E 部：固定建筑物	建筑	139	1.70
	土层或岩石的钻进；采矿	5	0.06
F 部：机械工程；照明；加热；武器；爆破	发动机或泵	71	0.87
	照明；加热	1337	16.38
G 部：物理	仪器	1938	23.74
	核子学	4	0.05
H 部：电学	电学	2260	27.69
合计		8162	100.00

（4）从技术创新协同主体特征来看，民营企业和高新技术企业在粤港澳大湾区城市技术创新协同中发挥着主导作用。

根据表 11－3，共有 1295 个主体参与了粤港澳大湾区城市技术创新协同活动。其中，民营企业 453 个，占比 34.98%；高新技术企业 444 个，占比 34.29%；其他主体共 398 个，占比 30.73%。

表 11－3　粤港澳大湾区城市合作申请专利技术创新协同主体特征

单位：个

高校	科研机构	国有企业	民营企业	高新技术企业	中外合资企业	外资企业	个人及其他社会组织	合计
50	100	116	453	444	51	77	4	1295

（5）从技术创新协同价值特征来看，粤港澳大湾区城市技术创新协同专利市场价值需要进一步提升。

根据图 11－2，粤港澳大湾区城市技术创新协同有效专利共 2488 项，占合作申请专利总数 8162 项的 30.48%，持续年限主要集中在 5 年左右。有效年限 4～6 年的专利共 1882 项，占有效专利总数 2488 项的 75.64%；有效年限 10 年及以上的专利共 45 项，占比 1.81%。

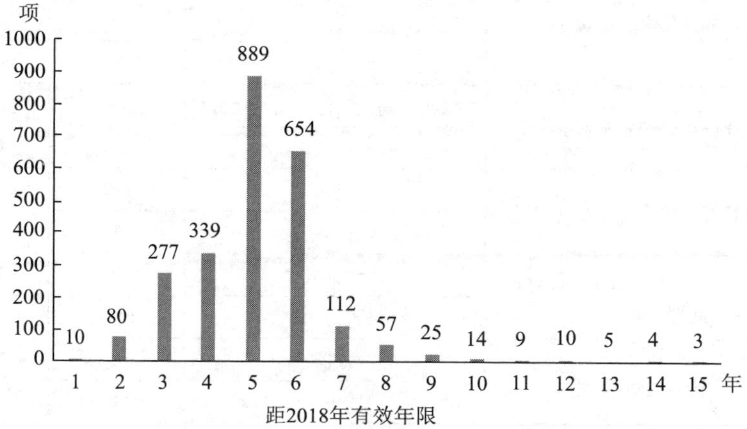

图 11－2　粤港澳大湾区城市合作申请有效专利特征

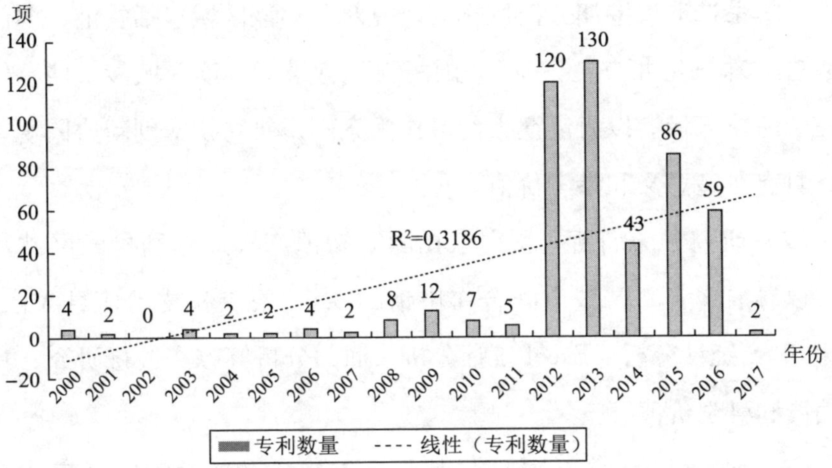

图 11－3 2000—2017 年粤港澳大湾区城市合作申请专利技术转移特征

根据图 11－3，粤港澳大湾区城市技术创新协同转移专利共 492 项，占合作申请专利总数 8162 项的 6.03%，专利技术转移转化力度需要加大，市场价值需要进一步提升。

（6）从相关因素回归分析结果来看，粤港澳大湾区城市技术创新协同受经济发展水平、技术创新发展水平、经费投入水平、人力投入水平、信息流通水平、高新技术发展水平和地理距离等因素的综合影响。各城市应该结合自身实际和优势，采取增加研究与试验发展经费投入、增强创新人才集聚、提升技术创新储备水平、发挥区位优势和提升信息流通水平等不同的发展策略。

第二节 研究创新

本书的研究创新体现在以下三个方面：

（1）研究案例创新。在国家"一带一路"和粤港澳大湾区建设背景下，本书选取粤港澳大湾区作为研究对象。该区域包括香港、澳门和广东省“珠三角九市”。在“一国两制”背景下，该区域涉及两种体制和三个跨境区域。以粤港澳大湾区作为案例，研究技术创新协同规律特征，具有典型意义和参考价值。

（2）研究方法创新。研究依托国家知识产权局专利检索网站数据库，以粤港澳大湾区城市间合作申请的 8162 条专利技术信息为依据，采用 SPSS 统计分析、Excel 统计分析、回归分析等方法进行研究，具有可信度和科学价值。

（3）研究结论创新。从时序特征来看，粤港澳大湾区城市技术创新协同强度不断增加；从技术领域分布特征来看，粤港澳大湾区城市技术创新协同优势技术领域集中在“电学”“仪器”和“照明；加热”；从技术创新协同主体特征来看，民营企业和高新技术企业协同主体在粤港澳大湾区城市技术创新协同中发挥着主导作用；从技术创新协同价值特征来看，粤港澳大湾区城市技术创新协同专利市场价值需要进一步提升。各城市应该结合自身实际和优势，采取增加研究与试验发展经费投入、增强创新人才集聚、提升技术创新储备水平、发挥区位优势和提升信息流通水平等不同的发展策略。

第三节　研究不足与展望

本书的研究不足与展望如下：

（1）技术创新协同是一个复杂的系统工程，本书所依据的专利计量信息还需要逐项核实。因此，粤港澳大湾区实地调研和具体企业的案例信息有待在接下来的研究中进行补充。

（2）需要进一步细化粤港澳大湾区城市间的技术创新协同策略，以提高理论决策水平和政策参考价值。

（3）作为特定区域的案例研究，需要进一步借鉴国际上成熟的美国纽约湾区、旧金山湾区和日本东京湾区的成功经验，拓展研究视野、提高价值。

第四节　小结

本书还有一些不足和需要深化的地方。在后续的研究中，笔者将围绕上述不足，对研究展望中的相关内容不断进行丰富和深化。

在此，感谢课题组各位老师和同学、学术领域各位同人对本书出版给予的指导和帮助。

由于笔者才疏学浅，书中难免有遗漏和需要斟酌之处，敬请批评指正。

参考文献

[1] 柳卸林. 21 世纪的中国技术创新系统 [M]. 北京: 北京大学出版社, 2000.

[2] 方创琳, 刘毅, 林跃然. 中国创新型城市发展报告 [M]. 北京: 科学出版社, 2013.

[3] 吕拉昌. 创新地理学 [M]. 北京: 科学出版社, 2017.

[4] 龙开元. 创新地理学: 中国科技布局的理论与实践 [M]. 北京: 科学技术文献出版社, 2013.

[5] CANIELS M C J. Knowledge growth differentials across spillovers and economic growth: regional Europe [M]. Cheltenham: Edward Elgar, 2000.

[6] FELDMAN M P. Location and innovation: the new economic geography of innovation, spillovers, and agglomeration [M] // Clark G, Feldman M, Gertler M. Oxford handbook of economic geography. Oxford: Oxford University Press, 2000.

[7] 林卓玲, 李文辉, 陈忠暖. 基础研究与产业结构协调发展对区域创新绩效的影响 [J]. 广东社会科学, 2016 (3): 26 - 35.

[8] 姜磊, 季民河. 城市化、区域创新集群与空间知识溢出: 基于空间计量经济学模型的实证 [J]. 软科学, 2011, 25 (12): 86 - 90.

[9] 符文颖. 区域吸收能力的多维度衡量: 基于珠江三角洲电子产业的

微观考察 [J]. 华南师范大学学报（自然科学版），2014，46（3）：118－123.
[10] 李文辉，王婷，黄艳，等. 基于专利计量的广东高水平大学技术创新能力评价研究 [J]. 科技与经济，2017，30（4）：35－39.
[11] 余泳泽，刘大勇. 我国区域创新效率的空间外溢效应与价值链外溢效应 [J]. 管理世界，2013（7）：6－20，70.
[12] 曹勇，蒋振宇. 创新开放度对新兴企业知识溢出的影响研究 [J]. 科学学与科学技术管理，2015，36（1）：151－161.
[13] 廖述梅. 高校研发对企业技术创新的溢出效应分析 [J]. 科研管理，2011，32（6）：11－17.
[14] 王承云，孙飞翔. 长三角城市创新空间的集聚与溢出效应 [J]. 地理研究，2017，36（6）：1042－1052.
[15] 郭泉恩，孙斌栋. 高校知识溢出对我国高技术产业创新的影响研究：基于省级区域的空间计量分析 [J]. 世界地理研究，2017，26（4）：82－92.
[16] 孙瑜康，孙铁山，席强敏. 北京市创新集聚的影响因素及其空间溢出效应 [J]. 地理研究，2017，36（12）：2419－2431.
[17] 段德忠，杜德斌，刘承良. 上海和北京城市创新空间结构的时空演化模式 [J]. 地理学报，2015，70（12）：1911－1925.
[18] 符文颖，吴艳芳. 德国在华知识密集制造业投资进入方式的时空特征及区位影响因素 [J]. 地理学报，2017，72（8）：1361－1372.
[19] 石琳娜，石娟，顾新. 基于知识溢出的我国高技术企业自主创新能力提升途径研究 [J]. 软科学，2011，25（8）：27－30.
[20] 吕拉昌，黄茹，廖倩. 创新地理学研究的几个理论问题 [J]. 地理

科学，2016，36（5）：653－661.
[21] 王承云，秦健，杨随．京津沪渝创新型城区研发产业集群研究[J]．地理学报，2013，68（8）：1097－1109.
[22] 甄峰，徐海贤，朱传耿．创新地理学：一门新兴的地理学分支学科[J]．地域研究与开发，2001，20（1）：9－11.
[23] 杨茜好，朱竑．西方人文地理学的“流动性”研究进展与启示[J]．华南师范大学学报（自然科学版），2015，47（2）：1－11.
[24] 钱俊希，朱竑．新文化地理学的理论统一性与话题多样性[J]．地理研究，2015，34（3）：422－426.
[25] 李文辉，贺浪萍，林卓玲．从国内专利角度分析华南师范大学的技术创新能力[J]．华南师范大学学报（自然科学版），2011（2）：138－142.
[26] 李习保．中国区域创新能力变迁的实证分析：基于创新系统的观点[J]．管理世界，2007（12）：18－30.
[27] 肖刚，杜德斌，戴其文．中国区域创新差异的时空格局演变[J]．科研管理，2016，37（5）：42－50.
[28] 梁晓捷，王兵．基于专利信息的国内外钢铁产业技术创新能力评价[J]．管理学报，2017，14（3）：382－388.
[29] 李琳，韩宝龙．地理与认知邻近对高技术产业集群创新影响：以我国软件产业集群为典型案例[J]．地理研究，2011，30（9）：1593－1607.
[30] 段德忠，杜德斌，谌颖，等．中国城市创新技术转移格局与影响因素[J]．地理学报，2018，73（4）：738－754.
[31] 何舜辉，杜德斌，焦美琪，等．中国地级以上城市创新能力的时空格局演变及影响因素分析[J]．地理科学，2017，37（7）：1014－

1022.

[32] 毛汉英. 京津冀协同发展的机制创新与区域政策研究 [J]. 地理科学进展, 2017, 36 (1): 2-14.

[33] 汪凡, 白永平, 周亮, 等. 中国高校科技创新能力时空格局及影响因素 [J]. 经济地理, 2017, 37 (12): 49-56.

[34] 许学强, 姚华松. 百年来中国城市地理学研究回顾及展望 [J]. 经济地理, 2009, 29 (9): 1412-1420.

[35] 姚华松, 许学强, 薛德升. 人文地理学研究中对空间的再认识 [J]. 人文地理, 2010 (2): 8-12.

[36] 王俊松, 颜燕, 胡曙虹. 中国城市技术创新能力的空间特征及影响因素: 基于空间面板数据模型的研究 [J]. 地理科学, 2017, 37 (1): 11-18.

[37] 金刚, 沈坤荣. 中国工业技术创新空间扩散效应的时空演化 [J]. 经济地理, 2016, 36 (5): 121-127.

[38] 曾刚, 王秋玉, 曹贤忠. 创新经济地理研究述评与展望 [J]. 经济地理, 2018, 38 (4): 19-25.

[39] 赵传松, 任建兰, 陈延斌, 等. 中国科技创新与可持续发展耦合协调及时空分异研究 [J]. 地理科学, 2018, 38 (2): 214-222.

[40] 颜子明, 杜德斌, 刘承良, 等. 西方创新地理研究的知识图谱可视化分析 [J]. 地理学报, 2018, 73 (2): 695-706.

[41] 胡杨, 李郇. 多维邻近性对产学研合作创新的影响: 广州市高新技术企业的案例分析 [J]. 地理研究, 2017, 36 (4): 362-379.

[42] BATTKE B, SCHMIDT T S, STOLLENWERK S, et al. Internal or external spillovers: which kind of knowledge is more likely to flow within or across technologies [J]. Research policy, 2016, 45 (1): 27-41.

[43] RYTIS K. Management problems of investment in technological innovation, using artificial neural network [J]. Procedia-social and behavio-ral sciences, 2015, 213 (11): 442 -447.

[44] SVEN V R. Information management for innovation networks: an empirical study on the "who, what and how" in networked innovation [J]. International journal of information management, 2016, 36 (3): 348 -359.

[45] BRAILLY J. Dynamics of networks in trade fairs: a multilevel relational approach to the cooperation among competitors [J]. Journal of economic geography, 2016, 16 (6): 1 -42.

[46] GLUCKLER J, DOREIAN P. Editorial: social network analysis and economic geography: positional, evolutionary and multilevel approaches [J]. Journal of economic geography, 2016, 16 (6): 1123 -1134.

[47] 周春山. 增强科技创新能力　吸引生产要素集聚 [N]. 南方日报, 2016 -08 -08 (AA2).

[48] 黄琦, 万磊. 粤港澳大湾区城市群建设中的产业创新与融合研究: 以华为入莞为例 [J]. 科技管理研究, 2018 (10): 107 -114.

[49] 马海涛, 黄晓东, 李迎成. 粤港澳大湾区城市群知识多中心的演化过程与机理 [J]. 地理学报, 2018 (12): 2297 -2314.

[50] 张胜磊. 粤港澳大湾区建设: 理论依据、现存问题及国际经验启示 [J]. 兰州财经大学学报, 2018 (5): 12 -20.

[51] TAKESHI A, TETSUYA A. Empirical analysis for estimating land use transition potential functions: case in the Tokyo metropolitan region [J]. Computers, environment and urban systems, 2004 (1/2): 65 -84.

[52] VOLBERDING P. Engaging regions in globalization: the rise of the economic relationship between the San Francisco Bay Area and China [J]. Berkeley undergraduate journal, 2011 (2): 1-32.

[53] SCHAFRAN A. Origins of an urban crisis: the restructuring of the San Francisco Bay Area and the geography of foreclosure [J]. International journal of urban and regional research, 2013, 37 (2): 63-88.

[54] 蔡赤萌. 粤港澳大湾区城市群建设的战略意义和现实挑战 [J]. 广东社会科学, 2017 (4): 5-14, 254.

[55] 申勇, 马忠新. 构筑湾区经济引领的对外开放新格局: 基于粤港澳大湾区开放度的实证分析 [J]. 上海行政学院学报, 2017 (1): 83-91.

[56] 钟韵, 胡晓华. 粤港澳大湾区的构建与制度创新: 理论基础与实施机制 [J]. 经济学家, 2017 (12): 50-57.

[57] 赵晓斌, 强卫, 黄伟豪, 等. 粤港澳大湾区发展的理论框架与发展战略探究 [J]. 地理科学进展, 2018 (12): 1597-1608.

[58] 安宁, 马凌, 朱竑. 政治地理视野下的粤港澳大湾区发展思考 [J]. 地理科学进展, 2018 (12): 1633-1643.

[59] 李郇, 周金苗, 黄耀福, 等. 从巨型城市区域视角审视粤港澳大湾区空间结构 [J]. 地理科学进展, 2018 (12): 1609-1622.

[60] 陈世栋. 粤港澳大湾区要素流动空间特征及国际对接路径研究 [J]. 华南师范大学学报 (社会科学版), 2018 (2): 27-32.

[61] 丘杉. 粤港澳大湾区城市群发展路向选择的维度分析 [J]. 广东社会科学, 2017 (4): 15-20.

[62] 曾志敏. 打造全球科技创新高地: 粤港澳大湾区融合发展的战略思路与路线图 [J]. 城市观察, 2018 (2): 8-19.

[63] 彭芳梅. 粤港澳大湾区及周边城市经济空间联系与空间结构：基于改进引力模型与社会网络分析的实证分析 [J]. 经济地理, 2017 (12): 57-64.
[64] 李建平. 粤港澳大湾区协作治理机制的演进与展望 [J]. 规划师, 2017 (11): 53-59.
[65] 周春山, 邓鸿鹄, 史晨怡. 粤港澳大湾区协同发展特征及机制 [J]. 规划师, 2018 (4): 5-12.
[66] 向晓梅, 杨娟. 粤港澳大湾区产业协同发展的机制和模式 [J]. 华南师范大学学报（社会科学版）, 2018 (2): 17-20.
[67] 林先扬. 粤港澳大湾区科技创新发展特征、瓶颈与策略探讨 [J]. 岭南学刊, 2018 (4): 27-32.
[68] 关红玲, 吴玉波, 宋媚婷, 等. 粤港澳大湾区"9+2"城市创新科技关键因素比较分析 [J]. 港澳研究, 2018 (1): 31-44, 94.
[69] 郭文伟, 王文启. 粤港澳大湾区金融集聚对科技创新的空间溢出效应及行业异质性 [J]. 广东财经大学学报, 2018 (2): 12-21.
[70] 王秋玉, 曾刚, 吕国庆. 中国装备制造业产学研合作创新网络初探 [J]. 地理学报, 2016 (2): 251-264.
[71] 郭文娟, 黄非. 发明专利申请量与我国企业的创新主体地位 [J]. 统计研究, 2006 (2): 9-12.
[72] 王燕玲. 基于专利分析的我国低技术制造业技术创新特征研究 [J]. 统计研究, 2011 (4): 57-61.
[73] 李雨浓, 王博, 张永忠, 等. 校企专利合作网络的结构特征及其演化分析：以"985高校"为例 [J]. 科研管理, 2018 (3): 132-140.
[74] 吴翌琳, 吴洁琼. 中国科技创新合作网络研究 [J]. 统计研究, 2017 (5): 94-101.

[75] 侯波．改革开放以来我国科技工作的历史演进及启示［J］．毛泽东邓小平理论研究，2018（10）：28－33，107．

[76] 温芳芳．专利合作模式的计量研究［D］．武汉：武汉大学，2012．

索　引